LA POLÍTICA DE LA SANTIDAD

Mis conversaciones con Jorge Fernández Díaz

Jordi Picazo

Prólogo de Daniel Arasa Favà

CONTENIDO

CONTENIDO 1

PRÓLOGO 1

PERIODISTAS: A MODO DE INTRODUCCIÓN 7

UNO LA SANTIDAD DE LA POLÍTICA 11

CAPÍTULO 1 ¿SANTOS Y POLÍTICOS? 13

CAPÍTULO 2 UNA GRAMÁTICA UNIVERSAL DE LOS VALORES MORALES 25

CAPÍTULO 3 LA LIBERTAD RELIGIOSA 29

Terror a la libertad religiosa 29

Vulneración de derechos humanos y de la Constitución en un Estado de Derecho 32

CAPÍTULO 4 LA IDEOLOGÍA DE GÉNERO, NO SOLO PERVERSA SINO TOTALITARIA 35

DOS TEMPUS BREVE EST 37

CAPÍTULO 5 EL TIEMPO, MÁS QUE ORO, ES GLORIA.............39

CAPÍTULO 6 «SI PUDIERA VOLVER ATRÁS, MUCHAS COSAS LAS HARÍA DE DISTINTA MANERA» 43

CAPÍTULO 7 DESPROTECCIÓN DE LA FAMILIA EN ESPAÑA 49

Dar al diablo el beneficio de la ley 50

CAPÍTULO 8 RAÍCES CRISTIANAS DE EUROPA 53

La dictadura del relativismo 57

Con la dictadura del relativismo, la post verdad 58

Cristianofobia en la Europa de las libertades 60

Política, Bien Común e Interés General 62

Bien común y Libertad de las conciencias 64

La post verdad y el hombre light 64

TRES CON Ñ DE ESPAÑA 69

CAPÍTULO 9 ESPAÑA, DIAGNÓSTICO EN URGENCIAS 71

La cultura del 'Carpe Diem' 73

Invierno demográfico y sostenibilidad del estado de bienestar 74

La juventud en riesgo 76

CAPÍTULO 10 EL MULTICULTURALISMO: GUETOS O
INTEGRACIÓN 79

Multiculturalismo: gueto o integración 79

Islamización de la vieja Europa 81

CAPÍTULO 11 ENCUENTROS CON BENEDICTO XVI. AMOR
DEL PAPA ALEMÁN POR ESPAÑA 83

Ratzinger, sucesión natural de Wojtyla 85

Benedicto y España: Evangelio y defensa de la Fe 85

AGRADECIMIENTOS 89

ACERCA DEL AUTOR 91

BIBLIOGRAFÍA SELECCIONADA 95

ÍNDICE DE MATERIAS 97

*A las mujeres de mi vida —por orden de edad—, mi abuela **Doloretes** (Dios la tenga en su Seno), mi madre **Carmen** (también, Descanse en el Gozo del Señor), **Belén**, **Marta**, y la Madre de todos los hombres y mujeres, **María***

PRÓLOGO

En 2011, pocos días antes de ser nombrado ministro, tres o cuatro personas mantuvimos una conversación informal con Jorge Fernández Díaz. Era ya evidente y estaba en boca de todos que entraría en el Gobierno que iba a formar Mariano Rajoy tras la victoria electoral del Partido Popular, pero todavía se desconocía la cartera asignada. No tardó en saberse. Era la de Interior. Le envié un mensaje en el que le decía que le había caído un buen muerto. Cierto que el ministerio del Interior es uno de los más importantes, pero, a la vez, especialmente conflictivo.

Las conversaciones de Jordi Picazo con Jorge Fernández realizadas en 2017 y recogidas en este libro están referidas a la santidad en la política. No tengo la menor duda de que las personas que se dedican a la política pueden santificarse, y ejemplos hay, pero a uno se le antoja que en el ministerio del Interior debe resultar un tanto más difícil que en otros organismos gubernamentales. Porque de él dependen, entre otras funciones, servicios de investigación y de control de las personas con utilización de confidentes, técnicas de espionaje y algunos medios que en terminología político-periodística se denominan "las cloacas del Estado" con posibles "fondos de reptiles", así como las fuerzas de

Seguridad que a menudo deben actuar de manera represiva… Todos los estados del mundo tienen todo esto y nadie duda de su necesidad cara a garantizar la seguridad pública, el mantenimiento del orden, la autoridad y el cumplimiento de las leyes, pero a la vez lleva a pensar que es un campo en el que abunda el juego sucio para lograr algunos de los objetivos. No es más que un detalle jocoso, pero baste recordar que, en los espacios televisivos de humor sobre política, los ministros del Interior o de Gobernación aparecen siempre con cara y gesto amenazantes, y armados con un garrote de dimensiones notables.

Por todo ello, por ser un terreno movedizo, resulta más audaz, importante y significativo que hable de santidad quien ha sido ministro del Interior en etapas especialmente difíciles en diversos campos, que manifieste que su deseo es ser santo a través de la propia actividad profesional y que concluya que "la santidad es la plenitud del hombre". Sin pretenderlo de manera directa, es este un libro con alto contenido teológico, precisamente porque todo el planteamiento rebosa visión sobrenatural.

Este libro no reúne entrevistas periodísticas convencionales, sino que son esencialmente diálogos en los que el autor aporta también sus propios comentarios y valoraciones, a la vez que huye de algo tan habitual en el periodismo como el priorizar lo sugerente sobre lo importante. Más bien se intenta lo contrario, hacer interesante lo que es importante.

Ni el exministro ni su interlocutor entran en el detalle en su actividad política concreta, ni aquél expone sus vivencias en este campo, por lo que no es un libro de coyuntura política, sino que, por elevación, se centra en reflexionar sobre el sustrato de la política, los pivotes en que debe sostenerse la vida pública y los porqués íntimos que llevaron a Fernández Díaz a actuar en ella. Tras desvelar que sintió siempre vocación política, entra a profundizar en el sentido de la vida, por entender que es base esencial de todo lo demás. A partir de ahí, teniendo claro dónde está el norte, es cómo puede orientarse la acción hacia donde corresponda o se considere adecuado.

Fernández Díaz desnuda su alma. Uno de los ejes centrales de sus reflexiones en voz alta es el entender la política como servicio al Bien Común. Esto debería ser una obviedad de tal calibre que ni siquiera hiciera falta hacer referencia a ella, pero a la vista del modo de funcionar de tantos políticos de todos los colores es obligado recordarlo. El ex ministro da un paso más: este servicio al Bien Común puede ser una forma eminente de practicar la caridad. Es una idea fuerza que han remarcado todos los últimos Papas, desde Paulo VI hasta Francisco. Porque la dedicación a la res pública con espíritu de servicio implica la generosidad de ocuparse con empeño del bien de todos, dejando en segundo plano los intereses personales, por muy legítimos que sean.

El espíritu de servicio en pro del Bien Común exige tener valores sólidos bien asumidos, dar lo mejor de sí mismo y, aunque los acuerdos políticos en una sociedad democrática se tomen en base a los apoyos mayoritarios, sigue siendo fundamental tener claro que el bien y el mal moral no lo decide una mayoría política o cultural de un momento determinado. No es fácil actuar así en una sociedad relativista que no reconoce muchos valores de fondo y que califica de intolerancia la defensa de la verdad, incluida la religiosa, aunque se haga con el más absoluto respeto a los discrepantes.

Jorge Fernández Díaz reconoce que ha cometido errores en su vida, y que algunas cosas —sin citarlas en concreto— las haría de otra manera, pero no deja de recordar que «el domingo por la noche todo el mundo acierta la quiniela», porque es experiencia diaria cómo «a toro pasado» todos dan en el clavo en cualquier asunto diciendo lo que debería haberse hecho. Aceptando errores y mirando al pasado solo con el ánimo de aprender y no volver a repetirlos, considera deber fundamental el asumir riesgos involucrándose a fondo en la vida de la sociedad. En el caso del político tal implicación es especialmente fuerte.

Fernández Díaz se declara abiertamente católico, reconociendo a la vez tanto la libertad de opciones políticas entre los católicos como el valor de las creencias religiosas y la exigencia de respetarlas, sea por las instituciones públicas como por toda la ciudadanía.

Estoy convencido de que cuando fue ministro, Jorge Fernández sufrió internamente bastante más allá de las tensiones y preocupaciones inherentes al cargo, porque el Gobierno del que formó parte, y, por tanto, de cuyas decisiones fue solidario, no cumplió con algunas promesas electorales en asuntos nucleares con profunda carga humana y ética. Una de ellas la ley del aborto. Aunque no dio pasos adelante para ampliarlo, el Gobierno del PP consolidó de facto lo que habían hecho los gobiernos socialistas anteriores. Poco hizo igualmente en políticas de apoyo a las familias, y nada en poner y proponer como más adecuado el modelo familiar estable a partir del matrimonio hombre-mujer frente a la ideología de género. Tampoco los medios de comunicación públicos fueron muy diferentes en estos aspectos a los del anterior período de gobierno socialista. Fernández tuvo sin duda problemas de conciencia, que él mismo no niega en el libro.

El exministro abre el alma de par en par. Se da cuenta de que el hombre postmoderno siente un gran vacío antropológico porque ha dejado de lado a Dios. Me recuerda aquella afirmación de Gilbert K. Chesterton según la cual «cuando se elimina lo sobrenatural uno no se queda con lo natural sino con lo antinatural».

Desde que conozco a Jorge Fernández, y son ya bastantes años, puedo afirmar que siempre ha expresado con sinceridad lo que piensa, aunque, como es obvio, se pueda discrepar de él. En este libro abre más aún su corazón, ajeno a intereses políticos concretos o subordinación a las exigencias de los cargos. Todavía hay más. En los últimos años sufrió una grave enfermedad que le mantuvo un largo período a las puertas de la muerte, y ha comentado en diversas ocasiones que esta forzosa inactividad le permitió reflexionar a fondo sobre lo que es más importante en la vida, y priorizarlo. Los psicólogos, y hasta los juristas, dan gran validez a las afirmaciones y los testimonios de personas que están o han estado al borde de la muerte. En una situación en la que no caben coartadas ni autoengaños.

Perfectamente recuperado de dicha enfermedad, Jorge Fernández Díaz valora hoy cada día de vida como una nueva prórroga con la que Dios le da ocasión de dar mucho de sí en positivo. Por ello sigue profundamente activo, siendo frecuentes sus conferencias y actividades relacionadas con asuntos espirituales. Pero reitera que no programa su vida, sino que mantiene retos. Todo ello poniéndose en manos de la Providencia.

Daniel Arasa

PERIODISTAS: A MODO DE INTRODUCCIÓN

El periodismo tiene múltiples facetas. No entraremos ahora en ello pero todos conocemos, o hemos oído hablar de grandes periodistas que podemos clasificar en categorías muy diversas. Desde los periodistas de investigación, que se asemejan a detectives en su perseverancia a la hora de destapar corrupciones de todo tipo, a reporteros de guerra, periodistas de viajes, periodistas meteorólogos, *paparazzi*, periodistas directores de shows televisivos, periodistas responsables de gabinetes de comunicación, deportivos, especializados en la realeza, críticos de cine, en los pasillos de los parlamentos, profesores, famosos, en la cárcel, con penas de muerte a sus espaldas, asesinados, perseguidos, etc.

También está el periodismo en libro. De hecho, en algunas universidades este arquetipo es objeto de análisis en asignaturas de departamentos o cátedras.

En general y en términos universales, sigue siendo válido el modo de siempre, el de toda la vida, de definir la labor de un periodista. Para mí la labor de un periodista consiste en ser los ojos y los oídos, y la voz de aquellos que no tienen voz, o cuyos ojos y oídos no llegan a donde están ocurriendo unos hechos de los que querrían saber más o, que podrían empoderarlos, esperanzarlos, salvarlos. El periodista es un apasionado de su labor, el periodista es un artista.

El periodista se debe a la verdad. Un periodista mentiroso es un mal periodista. Pero incluso diría que un periodista mentiroso o sectario, es una mala persona. A menudo un periodista debe sobreponerse a sus pasiones para recordar esto constantemente y hacer que este pensamiento sea la columna vertebral de su labor, de su vocación en la Sociedad, el pulso de su corazón, el amor con el que ama al hermano y por ello también a Dios, o a Dios y por ello también a la hermana.

Todo ello no es fácil. Lo más fácil es escuchar y transmitir fidedignamente, que no es poco. A veces el peligro yace en lo que transmite y que hace daño. Puede también hacerte daño a ti como periodista y como persona y hacerte plantear si lo transmites o no. O plantearte si ocultas una parte de lo que sabes para quedar bien transmitiendo la otra.

Hay muchos tipos de periodismo, y hay muchos tipos de periodistas. El periodismo, como todo trabajo noble —sea limpiar los pucheros o las letrinas, o limpiar los escaños del parlamento o dirigirse al hemiciclo, o dirigir un país— te hace mejor persona si te entregas a ese trabajo con rectitud de intención. La clave está, supongo, en hacer las cosas con espíritu de servicio. Pensar en los demás.

Las conversaciones que aquí he destilado y que, con un lenguaje y estructura más fría había publicado en la revista online www.revistaecclesia.com, se han beneficiado ahora de una mayor cantidad de tiempo a ellas dedicado. Y vienen marinadas con paciencia para captar más fielmente si cabía la letra y el espíritu con el que surgieron. Espero que te gusten, distinguido lector, distinguida lectora. Próximamente el libro lo tendrás disponible en lengua inglesa. Para todos mis hermanos y hermanas periodistas.

Jordi Picazo

UNO   LA SANTIDAD DE LA POLÍTICA

CAPÍTULO 1 ¿SANTOS Y POLÍTICOS?

«Un cristiano laico debe trabajar por el bien común, dar lo mejor de ti, y si [Dios] te llama con la vocación, venga, ¡haz política!, ¡adelante!, te hará sufrir, incluso pecar, pero el Señor está contigo, te perdonará y te dirá, '¡sigue adelante!'».

«Involucrarse en la política es una obligación para un cristiano (...), no podemos como Pilatos lavarnos las manos, (...) es una forma excelsa de la Caridad». PAPA FRANCISCO

«Dios me ha dado la vocación a la santidad, y la vocación a la política»

—¿Se puede ser santo en política?

Juan Pablo II en el **año jubilar del 2000** nos dio a los políticos y gobernantes un patrono que acredita que eso puede ser, ¿no?: **Santo Tomas Moro**. Y luego aunque sin sanción formal por no estar canonizados, sino más bien en el sentimiento de la gente común, de la gente de la calle, tienes también grandes figuras como hombres de Estado, gobernantes, políticos; sobre los que la gente no duda que han dado un gran testimonio de vida, un testimonio de una gran coherencia.

«La política bien hecha, una forma heroica de Caridad cristiana»

—¿Ejemplos?

—Por ejemplo, el **rey Balduino de Bélgica**. Si nos remontamos más atrás podemos hablar también de **San Luis Rey de Francia**, o de **Fernando III el santo** en España. Respecto al rey Balduino, y con independencia de que un día sea reconocida o no su santidad por parte de la Iglesia Católica, es evidente que fue un hombre que dio un testimonio extraordinario de coherencia de vida. Y bueno, no voy a ocultar que puede ser más difícil la santidad en la vida pública que en otras actividades, aunque tanto **Juan Pablo II** como **Benedicto XVI** han repetido en diversas ocasiones -y yo se lo he oído en persona en algunas de ellas- que la vida **política**, entendida rectamente como servicio al **Bien Común**, puede llegar a convertirse en una forma heroica de vivir la **caridad**. Y que efectivamente es posible, y ciertamente no es fácil.

—Hábleme del poder transformador de la Gracia de Dios. Y se lo pido porque yo personalmente admiro entre otros al rey Hussein de Jordania, gran pacificador donde los haya, con un valor enorme. Este valor lo mostró por ejemplo cuando contra todos los consejos de sus asesores por un grave peligro de seguridad acudió, siendo él musulmán, al entierro del Primer Ministro de Israel asesinado Isaac

Rabin, al que llamaba hermano suyo. Comentó, «él es mi hermano, y yo voy a su entierro».

—[Interrumpe] Y fue muy respetado, también en esa situación y en ese lugar.

—Y Winston Churchill; un Churchill que dijo entre otras cosas que «There is no doubt that it is around the family and the home that all the greatest virtues, the most dominating virtues of human society, are created, strengthened and maintained» [no hay duda que es en el entorno de la familia y el hogar donde todas las grandes virtudes, las más capitales de las virtudes de la sociedad humana, se crean, se refuerzan y se mantienen -Nota del Autor]; **o también dice «The more closely we follow the Sermon on the Mount, the more likely we are to succeed in our endeavours»** [cuanto más de cerca seguimos el Sermón de la Montaña, más serán nuestras posibilidades de éxito en todo lo que hagamos -N del A] **refiriéndose a las Bienaventuranzas en el relato de los Evangelios.**

Curiosamente el rey Hussein y Winston Churchill estudiaron en el mismo colegio en Londres, Harrow School, en el que yo tuve el gusto de dar clases de lengua y literatura españolas como profesor titular en los años 90 del siglo pasado; así como también fue alumno de este mismo colegio el rey Faisal de Irak, que diseñó Oriente Medio con los ingleses, franceses y junto al coronel T. E. Lawrence — conocido como Lawrence de Arabia—; y el mismo hecho de que fueran ex alumnos del mismo colegio también Lord Byron, Nehru primer ministro de Gandhi, o James Blunt y Benedict Cumberbatch entre muchos, nos llevaría a hablar de la importancia de la educación para el crecimiento integral de las personas en la diversidad, y en este caso una

educación cristiana en un entorno de respeto a la libertad religiosa.

—Yo añadiría entre los notables a **De Gaulle**. Y por supuesto a santo **Tomás Moro**, sin olvidar que varios **padres fundadores de la Unión Europea** tienen incoados procesos de beatificación en la Iglesia Católica, lo cual por cierto dice mucho de las raíces cristianas de Europa.

«Jesucristo dijo: 'Sin mí no podéis nada'»

—Por ello le pregunto por el poder transformador de la Gracia, porque hombres buenos también los hay que no piden ayuda a veces a Dios necesariamente en sus acciones...

—El Señor dijo «sin mí no podéis hacer nada», y es evidente que confiar en nuestras únicas fuerzas es estar condenado necesariamente al fracaso —me atrevería a decir— en cualquier actividad humana; por supuesto si uno aspira a la **santidad**, se esforzará por vivir de manera heroica las virtudes cristianas: por tanto la **fe**, la **esperanza**, la **caridad**; la **prudencia**, la **justicia**, la **fortaleza**, la **templanza**; y tiene uno que hacerse santo donde la vida le ha colocado, en la vida ordinaria.

Porque la **santidad** es algo a lo que todo bautizado debe aspirar —de hecho, un católico sabe que **Jesucristo** nos redimió a todos— y el **Concilio Vaticano II** lanzó el mensaje claro a la Cristiandad de que todos estamos llamados a la santidad, ¿no? Lo que pasa es que tenemos un concepto de la santidad, en mi opinión, quizás excesivamente almibarado y por otra parte un tanto, diría yo también, deformado.

«La plenitud del hombre es la santidad»

—El Cardenal Saraiva Martins, prefecto emérito de la Congregación vaticana para la Causa de los Santos —llevó las causas de los pastorcitos de Fátima, y más de 700 otras— me dijo algo en la entrevista que le hice en su casa la pasada primavera [2017] que, aun habiendo un servidor oído tanto sobre el tema me chocó por su manera de expresarlo, lo fácil que lo puso: vino a decirme que no existe la posibilidad de ser hombre o mujer completos si uno no es santo. Y uno puede pensar: ¡caramba! Pero leyendo su libro "Santidad en un mundo que cambia" uno lo llega a entender bien.

—Es la plenitud del hombre

—¿Es el proyecto de Dios para el hombre, dicen?

—Exacto, y me parece una definición magnífica. Como todo lo magnífico tiene que ser sencillo en su definición y en su formulación. La plenitud del hombre es la **santidad,** porque **Dios** nos ha creado para ser santos y vivir eternamente en su presencia. Por tanto la plenitud del hombre efectivamente se alcanza en la medida que respondemos al designio que Dios tiene sobre nosotros, sobre nuestras vidas cuando nos creó, con la ayuda de su **Gracia**. Y Dios cuenta para ello con nuestra libertad. Y ahí **Santa Teresita de Lisieux** lo describe muy bien cuando dice que

«Puso ante mis ojos el libro de la naturaleza y comprendí que todas las flores que él ha creado son hermosas, y que el esplendor de la rosa y la blancura del lirio no le quitan a la humilde violeta su perfume ni a la margarita su encantadora sencillez ... Comprendí que si todas las flores quisieran ser rosas, la naturaleza perdería su gala primaveral y los campos ya no se verían esmaltados de

florecillas ... Eso mismo sucede en el mundo de las almas, que es el jardín de Jesús. Él ha querido crear grandes santos, que pueden compararse a los lirios y a las rosas; pero ha creado también otros más pequeños, y éstos han de conformarse con ser margaritas o violetas destinadas a recrear los ojos de Dios cuando mira a sus pies. La perfección consiste en hacer su voluntad, en ser lo que Él quiere que seamos...» (Sta. Teresita de Lisieux).

Quiere decir esto que la **plenitud** de la **santidad** de un **alma** no tiene que ser igual a la de otra: cada alma a lo que debe aspirar es a llegar a la plenitud a la que ha sido llamada. Y en esa medida llegará a la plenitud como **persona**, como mujer, como hombre.

—Santa Teresa de Ávila decía que Dios anda entre los pucheros...; o he leído de San Josemaría, fundador de la Prelatura del Opus Dei y la Santa Cruz de la que usted es miembro, que decía

«No hay otro camino, hijos míos: o sabemos encontrar en nuestra vida ordinaria al Señor, o no lo encontraremos nunca. Por eso puedo deciros que necesita nuestra época devolver a la materia y a las situaciones que parecen más vulgares su noble y original sentido, ponerlas al servicio del Reino de Dios, espiritualizarlas, haciendo de ellas medio y ocasión de nuestro encuentro continuo con Jesucristo» (San Josemaría).

—Entonces...

—[Interrumpe] 8 de octubre del 67, la homilía del campus de la **Universidad de Navarra**.

—¿Estaba usted allí?

—No, me había ido una semana antes a empezar [Ingeniería de] Caminos a Santander, porque hice "preu" en

Pamplona. O sea que ... es en el ejercicio de las **pequeñas virtudes** —porque las grandes vienen después, si hay ocasión— donde está la **santidad**.

«En el ejercicio de las pequeñas virtudes está la santidad»

—... y mi pregunta es, ¿qué pequeñas virtudes se pueden ejercer como Ministro de Interior en un país como España, porque ... si es Inglaterra habrá que hablar de otras virtudes me imagino [nos reímos]*?*

—Bueno, con mencionarlas no quiero decir que yo las haya cumplido, lo que quiero decir es que son las que yo entiendo que se pueden ejercer; y podrían ser ... la **solidaridad**, pero como expresión y manifestación de la **caridad**, no la solidaridad entendida como filantropía sino entendida como **virtud** cristiana ... Así pues, la solidaridad, ¿no?, la dedicación al **Bien Común**. La solidaridad de manera muy especial porque claro, en un ministerio como el de **Interior** tienes una responsabilidad muy especial con la defensa de los **derechos de las personas**, con la protección de su seguridad personal que es requisito previo para poder vivir en **libertad**. Y entendiendo la libertad como tendencia al bien.

Otra, la **austeridad**. Y hay otras que son más difíciles de cumplir, como tener una clara prioridad y **jerarquía de valores**. Porque en la **actividad pública** una **tentación** que tienes de manera permanente, y en ese ministerio de manera especial —aunque diría que en casi todos por no decir en todos—, es la tentación de no guardar esa jerarquía de manera adecuada. Porque en ocasiones crees que el mundo pasa por ti, que todo depende de ti. Debes estar las 24 horas poco menos que activo o pendiente de resolver este o aquel problema, ¿no es así?

Debes, pienso, guardarte de esta **tentación** en la que es muy fácil caer. Más fácil de lo que parece en el día a día, al cabo de unos cuantos días miras atrás y dices «¡mira!, ya he caído yo en esta tentación y estoy inmerso en este desbarajuste y en este caos o desorden de vida…» Pero creo que las virtudes de **trabajar** por los demás, de **dedicarte** a los demás, de **preocuparte por los demás**, de la **rectitud** de intención, las puedes desarrollar de una manera muy especial. No es fácil porque sin ir más lejos, si lo que entiendes tú por bien común no es lo mismo que entiende la sociedad por bien común, te encuentras con problemas de **conciencia** con facilidad. Ahora se confunde **Bien Común** con **Interés General**.

«Es difícil ser tú mismo en el mundo de la política»

—En la película "Un hombre para la Eternidad" sobre los últimos años de la vida de santo Tomás Moro, Lord Canciller de la Inglaterra de Enrique VIII, Tomás Moro le dice a su yerno —que quería un puesto en la política— «hazte maestro»; y ante la insistencia de su yerno le advertía Moro que «no podrías dar cuenta de ti mismo ni esta misma noche». Más tarde vemos que el yerno medra por otras vías y logra convertirse en Gobernador de Gales, a lo que Tomás Moro ya en el juicio en el que el yerno atestigua falsamente contra él le dice que ha llegado a este puesto con métodos no muy éticos … «pero si es por Gales».

La pregunta que quería hacerle es si es difícil dar cuenta de uno mismo en la palestra de la política al frente de un Ministerio de Interior. Me imagino que tiene que ver con la solidez de la vida interior, de la vida para adentro. Y también me imagino que los vientos que constantemente te zarandean te ponen en tentación de contentar ahora a uno, ahora a otro. Y finalmente me imagino también que ser tú mismo todo el día es muy difícil.

—Es muy difícil, sí. Has de aspirar a ello, aspirar a conseguirlo, pero con la íntima convicción de que va a ser muy difícil conseguirlo. Ciertamente es de las cosas más difíciles con las que te encuentras en la vida pública, sobre todo en el terreno de las responsabilidades.

Y en ocasiones te das cuenta de que no eres tú mismo. Puedes estar interpretando un papel, el papel que te ha tocado con el instrumento musical que te asignan en el conjunto de la orquesta, y con una partitura determinada. Dependes del director de la orquesta y estás sometido a la crítica del público que te está escuchando. Y no puedes desafinar del conjunto de la orquesta.

«Y si no le gustan estos principios, tengo otros» —Groucho Marx

—¿Qué frase fue que usó usted en Ávila, en el contexto de las conmemoraciones del quinto centenario de Teresa de Ávila, en un acto público? 'Tiempos...'

—Tiempos recios

—Hay que ceder a veces. Hay que ceder, eso es humildad, dicen.

—Sin duda; sin duda.

—Como decía el fundador de la institución laical a la que Usted pertenece, san Josemaría Escrivá —y lo cito porque he leído escritos suyos, aunque Usted sabe más—, en ocasiones habrá que "ceder sin conceder". Y esto es difícil, me imagino, Usted me lo contará. Él añadía "con ánimo de

recuperar". Pero eran otras circunstancias me imagino. Ceder sin conceder los principios, no como el cómico estadounidense Groucho Marx y su frase de «y si no le gustan estos mis principios tengo otros».

—Sin duda esa frase dice mucho, sí. El fundador del Opus Dei tenía don de lenguas. No podía expresar cosas tan sublimes con mayor sencillez. Pocas personas he conocido yo con esta capacidad, y aunque, como he dicho antes, por poco no le conocí en persona, sí conozco su Obra y en fin, hay multitud de vídeos con tertulias, conferencias y charlas que dio en su vida. En todo caso, ciertamente: *ceder sin conceder*, establecer esa línea divisoria entre el ceder y el conceder no siempre es fácil, ¿no?

—Algunos se rieron después de esa frase con la que cita Usted a la Teresa de Ávila, pero se rieron de usted como se rieron de la misma Teresa, doctora de la Iglesia, o de Jesucristo, o se rieron de Winston Churchill en ocasiones, ¿no? Pero en un país como España, ser católico hoy es difícil, cuentan. ¿Le ha provocado esto alguna crisis de identidad?

Leí no hace dos o tres años una reflexión que había compartido el doctor Justin Welby, actual arzobispo de Canterbury, sobre la identidad personal. El arzobispo anglicano Justin Welby es hijo de padres no casados. Y coincide que es hijo 'bastardo' —palabra muy usada en Reino Unido— de un padre que había sido secretario en su tiempo de Winston Churchill, y a la vez su madre también había sido secretaria en otro momento de Winston Churchill. Y lo descubrió hace muy pocos años. Y a todo esto alguien le preguntó si ese hecho le provocaba una crisis de identidad; a lo que él respondió que «ninguna crisis de identidad, mi identidad es Jesucristo».

—¡Qué bueno!

—*Y fíjese en la influencia de la educación —que le apuntaba antes—, porque Justin Welby, como David Cameron ex primer ministro de Inglaterra, y Boris Johnson ex alcalde de Londres* [Sadiq Khan le sustituyó el 8 de mayo de 2016; Khan es el primer musulmán alcalde de Londres. Había impartido una charla en un club familiar de padres y madres del Opus Dei en Londres, el **Club Kelston**. **Boris J**. ahora es primer ministro de Inglaterra -N del A] *estudiaron en el mismo colegio, Eton College.*

«Un cristiano tiene obligación de involucrarse en la política» —Papa Francisco

—Y como le vengo diciendo, no solamente **Juan Pablo II** y **Benedicto XVI**, sino más recientemente el mismo **Papa Francisco** nos lo recuerda claramente, y constantemente cuando habla del problema del dios dinero, o el descarte de los no nacidos o de los mayores, y señala que *«un Cristiano laico debe trabajar por el bien común, dar lo mejor de ti, y si* [Dios] *te llama con la vocación, venga, ¡haz política!, ¡adelante!, te hará sufrir, incluso pecar, pero el Señor está contigo, te perdonará y te dirá, '¡sigue adelante!'»*, o cuando dice [Francisco] que *«involucrarse en la política es una obligación para un cristiano (...), no podemos como Pilatos lavarnos las manos, (...) es una forma excelsa de la Caridad».*

CAPÍTULO 2 UNA GRAMÁTICA UNIVERSAL DE LOS VALORES MORALES

"Si los políticos cumplieran los diez mandamientos, iríamos muy bien" PILAR RAHOLA

—Don Jorge, ¿Cree posible una "gramática universal" de los valores, la aceptación por parte de todas las personas que habitamos el planeta de un código ético que nadie discuta?

Me ha planteado nada más y nada menos si existe una **gramática universal de los valores morales**! Eso no solamente es legítimo desearlo, sino que —y valga la redundancia— sería deseable que fuera real. Ojalá se pudiera conseguir. **Una base compartida común de valores**, de **principios** sobre los cuales pudiéramos asentar una convivencia que no estuviera zarandeada en sus fundamentos, que no estuviera al albur de las opiniones cambiantes de la ciudadanía en cada momento. Pero bueno, eso traducido al ámbito de los principios, teniendo en cuenta que es muy difícil y que ha habido muchos intentos a lo largo de la historia, vemos al final que es muy difícil de establecer.

Una ética civil disociada de la religión, de la que sea, es muy difícil de fundamentar; porque esa ética civil necesariamente va a estar siempre condicionada por la **opinión mayoritaria,** que a su vez se expresará mediante una **mayoría política parlamentaria** en cada momento. Por tanto, esa **ética civil** va a apoyarse en cimientos fluctuantes si no contempla una referencia religiosa. Y aquí sí que nos encontramos con un problema fundamental, que es que lógicamente, existiendo libertad religiosa tú no puedes obligar a nadie —como es obvio— a profesar una u otra religión, ¡faltaría más!

Esos logros de nuestra civilización son verdaderamente irrenunciables. Por tanto, debo concluir que [ese código común] es algo deseable, pero me temo que, en la medida que somos "viatores" —que hacemos camino—, tenemos que seguir trabajando para su consecución. Aun así difícilmente lo vamos a alcanzar, lo cual no quiere decir que no tengamos que mantener incluso, si se quiere y evocando a **santo Tomás Moro,** esa "Utopía"».

—*Libro, "Utopía", utilizado tanto por socialistas como por capitalistas para defender sus propios postulados. Esa pureza ética social es realmente una utopía, y en la hermenéutica cristiana, sería propio de un estado de ausencia de pecado original, de una naturaleza no corrupta, de una pasión ordenada.*

—Así es la **utopía moreana**, sí. Por eso tuvo mucha atracción. Yo recuerdo una conversación que tuve en el año 2000 por los pasillos del Congreso con un dirigente importante de Izquierda Unida, un diputado. Cuando **Juan Pablo II** proclamó a **santo Tomás Moro** patrono de los políticos y los hombres y mujeres de Gobierno en el año 2000, me dijo que él se declaraba a sí mismo como ateo, pero reconocía que la figura de santo Tomás Moro había sido un acierto. Una figura atractiva incluso para los no creyentes. Seguro que el Papa a la hora de proponer a santo Tomás Moro como nuestro patrono tuvo muy presente las diferentes sensibilidades existentes. Y del mosaico de personalidades que pudieran haber sido elegidas no dejó de ser un gran acierto. Esa candidatura fue promovida por miles de políticos del mundo entero, y humildemente te diré que yo fui uno de esos muchos que propuso a santo Tomás Moro.

«Si los políticos cumplieran los diez mandamientos iríamos muy bien» — Pilar Rahola

—Pilar Rahola admitió públicamente creer que "si los políticos cumplieran los 10 mandamientos iríamos muy bien" ... eso se acerca a esa gramática universal de la que estamos hablando, a una ética global.

—El gran riesgo de todo esto es caer en un **sincretismo religioso**: es un peligro prácticamente insalvable. Una cosa es el **ecumenismo** y otra es el **sincretismo**. Partimos de la base de que la **ética** debe tener fundamentos sólidos para que trascienda. Las diferencias políticas y las diferentes opciones políticas evidencian que, aunque eso sería un logro muy deseable y muy fructífero, hoy por hoy lo veo muy difícil, sino imposible.

CAPÍTULO 3 **LA LIBERTAD RELIGIOSA**

Terror a la libertad religiosa

—Hemos hablado de la Política como servicio cristiano y como persecución del bien común; de rectificar el rumbo constantemente. Y quisiera seguir hablando en la línea de una de las libertades fundamentales: la libertad religiosa. Vemos cómo las convicciones religiosas mueven las acciones de las personas. En mi opinión como periodista, como observador, como catalán de nacimiento, constato que —a mi modo de ver— se tiene terror a la libertad religiosa. Solo quiero apuntar el caso reciente de tres sacerdotes, dos de los cuales son acusados de ser —y ya resulta curioso que estos dos adjetivos vayan juntos— "españolistas" y "antiabortistas".

Uno de ellos fue apartado de su puesto de párroco por el arzobispado de Barcelona para evitar más problemas entre ese arzobispado y el consistorio de L' Hospitalet de Llobregat —a petición de la Alcaldía— y el otro, obispo en ese caso, tuvo que ser escoltado por la policía autonómica por haber citado en la homilía en una misa al Papa Francisco y también a la ciencia en relación a que uno de factores que llevan a una conducta homosexual sobrevenida en un adulto joven varón es la ausencia —física o por orfandad, o por desentendimiento— del progenitor varón. Pienso que los que le reprendieron desde la Generalitat de Catalunya al obispo Xavier Novell, y aquellos que con socarronería se rieron de sus palabras no son ni serán conscientes de que censuraron directamente el documento estrella del Papa Francisco, "Amoris Laetitia". Lo calificaron finalmente de "uso inadecuado, de la libertad de expresión e ideológica por parte de esa persona" [el obispo]. Evitarían al final censurarle oficialmente desde estamentos institucionales por temor a ser ellos mismos reprendidos por ir públicamente contra la libertad religiosa.

Por supuesto, no tengo ninguna duda al respecto. Pero no, terror no, ningún terror a la libertad religiosa. Cualquiera que conozca mínimamente Catalunya y vea cómo está actuando la **Generalitat de Catalunya** se dará cuenta de que la cuestión de fondo es que **hay intolerancia hacia la libertad religiosa**; y no solamente a la libertad religiosa: a otras libertades también, ¿eh?, como a **la libertad de expresión** e incluso a **la libertad política**. Porque por desgracia en Catalunya estamos viviendo unos momentos que evocan tiempos pretéritos, que no quisiéramos que se estuvieran reproduciendo. Y evidentemente que el ámbito de la **religión** no es una excepción.

Lo que le ha pasado al **obispo Novell** encaja en este ámbito, y si se quiere también, desde otro foco, la historia del párroco de la iglesia parroquial de la Inmaculada en Hospitalet de Llobregat, **Custodio Ballester**. Y lo grave es que se está produciendo con poca —por no decir nula— respuesta social. Y desde luego sin respuesta institucional.

Podría parecer incluso que es una muestra de tolerancia y de respeto el que no se inste a la Fiscalía a abrir diligencias para tipificar como delito de odio el ataque y censura a un obispo o un párroco a la hora de exponer la doctrina moral de la Iglesia Católica en España. A nadie se le obliga a ser católico, pero conviene recordar que el **artículo 17 de la Carta de Derechos Humanos** reconoce la libertad religiosa, y lógicamente la libertad de practicar el culto en todas sus dimensiones: también en el espacio público.

—También incluye esa libertad el derecho a enseñar. Atacarían así no sólo la doctrina católica sino también el islam, el judaísmo y sectores cristianos protestantes que piensan lo mismo sobre estos temas. Pienso incluso que en la figura de república catalana que se prevé para Catalunya se prevén también unas leyes restrictivas de la libertad religiosa que abran una vía ancha al laicismo agresivo, reduccionista y represivo, el que más en Europa, parece a todas luces.

—Cuando antes he dicho "en todas sus dimensiones", evidentemente en el caso de la **religión católica** hay que tener en cuenta lo que dijo el Señor al ascender a los cielos: «*id al mundo entero y predicad el **Evangelio***». Y si el Evangelio de **Jesucristo** no coincide con algunas políticas actuales, pues mire usted, forma parte de la libertad religiosa. No se va a adaptar el Evangelio de Jesucristo a lo que en estos momentos quiera este o aquel político, ¿no? Simplemente el obispo referido antes citó al Papa Francisco en "Amoris Laetitia".

Más allá de que pueda parecer adecuada o no la manera de exponer el párroco Ballester sus ideas desde el ambón durante la misa —pues se refirió el **Rvdo. Custodio Ballester** a las relaciones homosexuales mientras reflexionaba sobre el hecho que constituyen un pecado— y más allá de lo que uno opine personalmente, lo que es evidente es que nadie se había atrevido a ir tan lejos en esa agresión. Lo que haya dicho con mayor o menor fortuna desde el punto de vista de la exposición —que eso ya es opinable— no autoriza a nadie a atacar la doctrina oficial de la Iglesia: atacan la doctrina moral de la Iglesia y se la intenta silenciar con relativo éxito en algunos casos; pero en cualquiera de esos casos ya queda latente la amenaza de que, si reincides, las consecuencias pueden ser más graves. Se viola además toda la tradición de miles de años, toda la doctrina consuetudinaria al respecto Y no tiene visos de que esto vaya a menos, sino más bien todo lo contrario.

Vulneración de derechos humanos y de la Constitución en un Estado de Derecho

Pero como le decía antes, no es **miedo**. ¡Qué van a tener miedo! Esa no es la expresión: simplemente no aceptan la libertad religiosa. La libertad religiosa está consagrada en la **Carta de los Derechos Humanos** y, conviene recordarlo, está también plasmada en nuestra **Constitución**. Está incluida en el **Tratado de la Unión Europea** y en todos los **códigos internacionales** habidos y por haber, además de en los de cada nación. Está presente además en los acuerdos firmados por el **Estado Español** con la **Santa Sede**, los cuales tienen rango de tratado internacional y por tanto les podrá gustar la libertad religiosa o no —lo cual ya les retrata—, pero lo que es inaceptable es que desde las instancias públicas se esté intentando minar esa libertad religiosa.

Muestra esto, además, insisto, una voluntad autoritaria desde instancias públicas que no es compatible con un **Estado de Derecho**. Para ser socio de la **Unión Europea** hay que ser un Estado de Derecho. En la Unión Europea no puede existir un Estado en el que no exista libertad religiosa; pero no formal o nominalmente solo, sino *de facto* y *de iure*, y es evidente que cuando hablamos de libertad religiosa y hablamos de **raíces cristianas de Europa** no estamos hablando de **confesionalismo**, ni mucho menos estamos hablando de **clericalismo**: estamos hablando de **libertad.**

CAPÍTULO 4 LA IDEOLOGÍA DE GÉNERO, NO SOLO PERVERSA SINO TOTALITARIA

Está claro que hoy en día la **ideología de género** se está tratando de imponer en todas las latitudes, como recuerda el **Papa Francisco**. Dicho esto y enlazándolo con el grave incidente contra el obispo católico a instancias de **lobbies LGBTI**, lo que es más preocupante es que no solo se quiera imponer esta ideología sino que al parecer es la única ideología a la que no se puede criticar so pretexto de que cometerías un delito de odio; piense en la que quiera de entre otras, la **ideología de género**, la ideología **comunista**, la ideología **fascista**; o una ideología **liberal conservadora**, o **liberal socialista**. La diversidad de opiniones forma parte de una **sociedad democrática.** Faltaría más. La canalización de esa pluralidad y diversidad se realiza a través del **pluralismo político.**

Le voy a decir una cosa: cuando en 2005 se aprobó en España la **ley de uniones de personas del mismo sexo** considerándolas como matrimonio, yo intervine en esos debates desde la tribuna en el **Congreso de los Diputados** y defendí una iniciativa legislativa popular apoyada por más de 800.000 firmas, que finalmente no fue admitida a trámite. La defendí yo, la cámara solo permite que intervengan Diputados, y en nombre de mi grupo intervine defendiendo su admisión a trámite. Después y con ocasión de esos debates también intervine en sesión parlamentaria, en foros, escribí artículos en diversos medios de comunicación y también firmé el recurso que instó el **Grupo Popular** ante el **Tribunal Constitucional**. Por tanto le voy a decir que evidentemente yo no estoy dispuesto a callarme porque, solo faltaría que no tuviéramos derecho tampoco a **la libertad de nuestras conciencias**.

Mi preocupación es que las cosas que entonces se dijeron con absoluta normalidad y naturalidad, con libertad, en estos momentos no pocas de ellas serían tipificadas como delito, o serían denunciadas por presuntamente haber cometido un delito. Es decir, se ha producido una involución en la defensa de las libertades y los derechos.

DOS TEMPUS BREVE EST

CAPÍTULO 5 EL TIEMPO, MÁS QUE ORO, ES GLORIA

«No le tengo miedo a la muerte, pero yo no tengo prisa en morir. Tengo tantas cosas que quiero hacer antes».

«Me he dado cuenta de que incluso las personas que dicen que todo está predestinado y que no podemos hacer nada para cambiar nuestro destino siguen mirando a ambos lados antes de cruzar la calle». **STEPHEN HAWKING**

«Los que andan en negocios humanos dicen que el tiempo es oro. —Me parece poco: para los que andamos en negocios de almas el tiempo es ¡gloria!». **SAN JOSEMARÍA ESCRIVÁ DE BALAGUER,** PUNTO 355 DE "CAMINO"

—Ministro, hablábamos antes de que «el tiempo es un bien limitado, un bien escaso y que conviene administrarlo con rigor, priorizar». Me ha comentado que, sobre todo habiendo experimentado Usted en primera

persona la cercanía de la amenaza de la muerte debido a su cáncer, ve más claramente la importancia de poner en buen uso el tiempo del que disponemos en esta vida.

La labor de priorizar forma parte, evidentemente, de **la razón** y **de la voluntad**. Pensar y distinguir entre lo que es importante y lo que es menos importante, y tener la voluntad de actuar en consecuencia. En definitiva, son **las potencias del alma**, ¿no?, del **alma humana**. A veces te planteas qué has hecho en la vida y qué sentido tiene todo lo que has hecho, ¿no? Toda persona que ha pasado por un proceso de estas características, al menos en esos momentos se lo plantea.

—Existe esa homilía del fundador del Opus Dei de "El Tesoro del Tiempo".

—Efectivamente.

—Y esa frase de que "el tiempo no es oro, el tiempo para un hijo de Dios es Gloria" (Punto 355 de "Camino": «Los que andan en negocios humanos dicen que el tiempo es oro. —Me parece poco: para los que andamos en negocios de almas, el tiempo es ¡gloria!»).

—Esa frase que menciona es muy buena. El tiempo no es **sólo oro** —lo que no es poco— sino Gloria: **gloria a Dios**, no **vanagloria**, ¿eh? Y permítame que insista en esto aplicando el aforismo de que no hay mal que por bien no venga: **la enfermedad** te permite un **tiempo de reflexión** que siempre es conveniente y necesario. Porque pasas **revista a tu vida** y te das cuenta de que **tu existencia** pasa muy rápido; muy rápido. Y a medida que vas cumpliendo más años eso lo notas de una manera más acelerada, y te das cuenta de que los años pasan cada vez más aceleradamente, a más velocidad.

Casi sin darte cuenta, como se dice habitualmente. No es que no hayas hecho cosas que querrías haber hecho, sino también que has hecho muchas que consideras ahora que eran prescindibles; y ya no entro por supuesto en las **equivocaciones y errores** que asumes que has cometido.

Pero sobre todo y ante todo para mí lo importante es lo que le decía de averiguar cuál es **el sentido de tu vida**: como desarrollo temporal, existencial, aquí y ahora. Ha estado orientada en una determinada dirección, a lo mejor en direcciones diversas en el transcurso del tiempo. Pero en todo caso debe tener un norte, que es lo que le dará ese sentido. Ese norte lo alcanzarás en mayor o menor grado, en cada edad, en cada circunstancia de tu existencia.

«Cada nuevo día es un día que se nos da de prórroga» —JFD

Y yo me he dado cuenta de que efectivamente, por lo menos de momento, parece que se me ha dado una prórroga. Debo darle una nueva orientación a mi vida y es en concreto en estos momentos cuando soy más consciente de que la vida es un bien escaso. Y que por tanto el tiempo debe ser gestionado con decisión, empleando el tiempo necesario en lo que vale la pena y no malgastándolo en aquello que no vale la pena. En definitiva, decíamos, jerarquizar, priorizar lo que debes hacer, lo que quieres hacer, cómo lo quieres hacer; y prescindir de aquello que te aparta del norte que da sentido a tu vida.

—«El tiempo peor empleado es el tiempo que dedicas a lo que no tenías que dedicarle ningún tiempo», dicen. Decidir por la mañana qué cosas no voy a hacer ...

—Es una buena reflexión: hacer un *stop*, en algún o algunos momentos del día para saber cómo debes invertir el tiempo. Si tienes en tu poder lo más valioso del mundo, serás especialmente escrupuloso en gestionar ese bien tan maravilloso que tienes, sabiendo que por su propia naturaleza es limitado. Tenemos así lo más valioso del mundo al alcance de nuestras manos. Lo tenemos por un tiempo limitado, y entonces … —¡oye! ¿Cómo lo piensas invertir? Yo creo que todos sin excepción diríamos: —Oye, ¡voy a pensarlo bien! Bueno, pues eso es la vida.

Eso es nuestra vida. Nuestra vida es oro, nuestra vida es Gloria, la tenemos por un tiempo limitado. Y por lo tanto con estas tres premisas la conclusión es que lo hemos de gestionar bien y eso hace razonable que una o varias veces al día como mínimo nos lleve un tiempo de meditación, de reflexión, acerca de cómo lo vamos a gestionar; sobre todo cada nuevo día. Cada nuevo día es un día que se nos da de prórroga.

CAPÍTULO 6   «SI PUDIERA VOLVER ATRÁS, MUCHAS COSAS LAS HARÍA DE DISTINTA MANERA»

—¿Cómo conjuga Jorge Fernández Díaz su permanencia como ministro de Interior tras renunciar el PP a la reforma de la ley del aborto en España, con el hecho que una parte muy importante de los votantes de su partido vean esa concesión como una traición a las promesas electorales?

Le digo con toda franqueza que no oculto que a mí ese asunto me planteó **un problema de conciencia**, estoy hablando de hace 4 años [4 años hasta 2017]. Se tomó esa decisión, y yo la verdad es que pedí consejo a algunas personas de mi absoluta confianza y de criterio recto y formado a mi modo de ver. Y en aquel momento —estábamos viviendo una **crisis económica** extraordinaria— yo interpreté que dada la situación general en el país, con toda una política de **ajuste presupuestario** más la evidente conflictividad social que había en la calle, me pareció compatible con mis principios el no dimitir, y continuar en el gobierno. Estaba convencido de que en aquel momento mi dimisión hubiera generado un daño añadido al gobierno y en particular a su presidente. No hubiera sido honesto por mi parte. Aunque hubiera sido lo más cómodo, no habría sido lo más responsable.

Pero le voy a reconocer que yo hoy en día esa reflexión la tengo viva aún. Hay cosas, en fin, que pertenecen a la interioridad de cada uno y esa interioridad la pones ante el **Juez Supremo**, ¿no? Y la he puesto. Y mi comprensión y mi respeto van para aquellas personas a las que mi actuación en ese momento no les pareció que fuera la adecuada.

—La Comisión Europea se ha manifestado en la línea de que no existe el derecho al aborto.

—Mi partido es un partido que tiene muchos votantes y muchos militantes. Unos están a favor de esas iniciativas y otros estamos en contra. Lo mismo había ocurrido en el congreso del Partido Popular en Valencia en junio del 2008. Me opuse a la retirada de nuestro recurso ante el Tribunal Constitucional. Eso es una parte de la **diversidad política**, de la pluralidad política.

—Podría parecer tan diverso ese elenco de opciones que no cabrían en un mismo cajón. Fue tachada esa decisión de incoherente por muchos…

—Lo que está claro es que yo pienso que en cuestiones que afectan a la conciencia hay que reconocer lo que llamamos el "**voto en conciencia**". Yo no voy a juzgar la conciencia de otros, a la vez que defiendo la mía y respeto la **libertad de las conciencias**. No voy a imponer a nadie mis **convicciones morales**; pero tampoco voy a aceptar que se me impongan a mí otras. Y eso forma parte tanto de la **libertad** de las **conciencias** como de la **libertad política**. Y en el Partido Popular eso se puede defender y yo desde luego lo voy a defender. Lo mismo pasa con la **gestación subrogada** en estos momentos.

—*¿Si pudiera volver atrás, cambiaría alguna cosa?*

—Tengo conciencia en mi vida de cosas que ahora haría de otra manera. Dicen que rectificar es de sabios, y yo no me considero sabio. Pero sí lo suficiente para no pensar que no cometemos errores continuamente.

—*El cine nos enseña a reflexionar, además de historia. Meta historia, tal vez. En la película de Michael Bay "Pearl Harbor", tras el exitoso destrozo de Pearl Harbor el general japonés responde a la alabanza de sus coroneles de «es usted un hombre sabio», con «si fuera un hombre sabio, habría sabido cómo evitar la guerra».*

—Una buena reflexión. El objetivo del hombre, varones y mujeres, seres humanos, no debe ser pretender no caer en ningún momento de nuestro **proyecto vital**, de nuestro **trayecto vital**; esto sería absurdo. Creo que de lo que se trata no es de no caer nunca, sino de **levantarnos siempre** que caemos, de **rectificar**, de comenzar y **recomenzar** continuamente.

¿Qué hubiera hecho de distinta manera, me pregunta? Pues muchas cosas. Pero también creo que en este momento tampoco me lleva a mucho mirar atrás, si no es con el **ánimo de aprender**, y de aprender continuamente: para que en lo que me queda por delante de camino de vida procure no cometer esos **errores** de nuevo, los errores que cometí en el pasado. Y sobre todo y ante todo, tener plena conciencia de que **el tiempo es un bien limitado**, un bien escaso y que conviene administrarlo con rigor. Y esto significa **priorizar**: dedicar tiempo a **lo importante**, y dedicarle menos tiempo a **lo menos importante**, decíamos, ¿no?

—No es posible cambiar el pasado, como a veces se ve en el cine. Recordamos muy bien la película "Dejà Vue" con Denzel Washington, o "Qué Bello es Vivir", con James Steward. Pero a lo mejor si no hubiéramos hecho lo que hicimos Dios no habría cumplido sus planes con nuestra torpeza, o con nuestro buen hacer. Es curioso, pero nunca sabremos hasta el final qué ha pasado.

Leyendo el prólogo de Winston Churchill a su propia obra "Memorias de la segunda guerra mundial", la que ganó el Premio Nobel de Literatura en 1953, ya al principio me quedé hecho polvo, ¡incluso lloré! ¡Lloré leyendo el prólogo de Churchill! [No puedo evitar reírme] *Donde con una humildad aplastante, pienso yo, de hombre de Estado ... pero con una humildad que le lleva a decir que «a veces cometemos errores cuando hemos querido con todas nuestras fuerzas hacer las cosas bien», viene a decir que incluso en ocasiones no deberíamos pedir perdón ni en frío; que en ocasiones lo que hicimos y rectificaríamos ahora es lo que en ese momento había que hacer, y sólo la historia te enseña más tarde.*

El Papa Francisco habla mucho de la hermenéutica propia de cada tiempo y de que no es posible juzgar una época con la hermenéutica de otra...

«El domingo por la noche todo el mundo acierta la quiniela»

—Sin duda, por supuesto, el domingo por la noche todo el mundo acierta **la quiniela. A toro pasado** todo el mundo comenta cómo habría que haber hecho la lidia, ¿no? En la vida **el curso del río** no vuelve hacia atrás. **El tiempo fluye**, tampoco vuelve hacia atrás. Por eso digo que sólo hay que mirar hacia atrás desde esta perspectiva: para **aprender de nuestros errores** y procurar no cometerlos de nuevo en el futuro.

Pero no podemos pretender hacerlo todo después de, o solo porque lo hayamos pensado bien, porque hayamos evaluado todas las circunstancias que concurren en el caso; para así acertar con mucha seguridad o con la máxima seguridad posible en el diagnóstico de la situación y en consecuencia aplicar la solución —la terapia— adecuada. Pretender funcionar así es no tener presente que **somos seres libres**, y somos **limitados** y por tanto **no somos dioses**. En consecuencia **nos equivocamos**. Pero es que la historia del hombre no es acertar siempre: la historia del hombre es **comenzar y recomenzar**, caerse y volverse a levantar, le decía. Esa es **la historia del hombre**.

Aplicada a mi vida en particular … pues le digo que yo tengo conciencia —y creo que bastante ajustada— de cosas de mi vida pasada en el ámbito público y en el ámbito privado, que desde luego ahora volvería a hacer de otra manera.

—¿Algún ejemplo?

—Desde decisiones de mi responsabilidad pública, política, y por tanto decisiones mías; hasta decisiones —también mías— que afectan a mi vida privada y lógicamente a mi entorno. Algunas no las volvería a hacer de esa manera, o no las haría, simplemente.

—Pienso que fundamentalmente nos hacen falta dos cosas: una, rectitud de intención …

—[Interrumpe] Eso es lo fundamental.

—*... segunda, aptitud. Porque si eres inepto, si uno es inepto, por mucha rectitud que tenga la vas a, por decirlo fino, fastidiar. Si no se tiene rectitud de intención se es simplemente un corrupto.*

—Bueno, así es. Evidentemente hay que **tener la conciencia bien formada**, e intentar decidir en función del bien común. Por tanto, actuar con **rectitud de intención** partiendo de la base que has hecho todo lo humanamente posible para tener tu **conciencia bien formada**. Pero claro, eso de rectitud de intención es un concepto muy subjetivo. Uno puede creer que tiene la conciencia recta, como se dice coloquialmente conciencia, entendido como un **"actuar en conciencia"**, actuar con rectitud de intención. Y sin embargo para esa persona tan mal formada actuar en conciencia significará actuar en una dirección equivocada. Y así actuará no por el bien común sino por *el mal común*. Habrá pues que tener rectitud de intención y **competencia**. Que una persona bien formada pero incompetente es un desastre; y una persona mal formada y competente es **un tirano**.

CAPÍTULO 7 DESPROTECCIÓN DE LA FAMILIA EN ESPAÑA

«Echo en falta una política clara de defensa de la familia»

Una de las cosas que echo en falta y queda por hacer, lo digo sinceramente, es una política clara de **defensa de la familia, célula básica de la sociedad**, una defensa del **matrimonio** como unión de un hombre y una mujer que asumen libremente un compromiso mutuo; una defensa de las **personas que son más vulnerables**: y ahí van desde **el concebido no nacido** hasta **los ancianos.**

Lo que estamos viviendo es una auténtica **crisis ética y moral.** Pero no solo en España sino a nivel internacional, y se proyecta con más o menos intensidad según los países, y en el ámbito de la **Unión Europea** —con excepción de **Polonia y Hungría**— es evidente que los valores que se están instalando tienen poco que ver con **los valores cristianos.** Aunque —siendo realistas— creo que **el estado de bienestar español** es un estado que aguanta con fuerza la comparación con otros sistemas de bienestar como los hay en nuestro entorno en la Unión Europea; es evidente sin embargo que en materia de política social queda todavía mucho campo por desarrollar.

«*Las personas mayores, y lo vemos ahora ya en el horizonte, se enfrentan a la avalancha de la eutanasia*»

Las personas de mayor edad ahora, y lo vemos ya en el horizonte, se enfrentan a la avalancha de la **eutanasia**. No puedo dejar de estremecerme cuando veo por ejemplo que en **Holanda**, según los datos que he leído, un 20% de las personas que fallecen lo hacen por **eutanasia**; y eso no es una muerte natural. Y creo que es francamente preocupante que por parte de algunos se intente hacer viable y sostenible el **sistema público de pensiones** y el gasto social —especialmente en sanidad— vía la eutanasia: me parece que es algo —ética y moralmente— absolutamente inaceptable.

Dar al diablo el beneficio de la ley

—Por un lado, Don Jorge, un jurista me hablaba de que no puedes denunciar a alguien porque aplica la ley, hablando de leyes que permiten el asesinato de niños antes de nacer o la terminación de la vida de los mayores costosos de mantener o no productivos; y por otro lado el juez Calatayud me hablaba de que la única manera de acabar con la lacra de la ideología de género que amenaza a nuestra sociedad es aplicando la ley. Ambos casos coincidirían en la necesidad de hacer que las leyes sean justas.

A lo Tomás Moro, a quien en el juicio que le condenó le preguntaron —«¿Daría usted al diablo el beneficio de la Ley?». A ello Moro contestó afirmativamente por ser la ley, a su entender, —«el único modo con el que podré detenerlo».

—Esto que plantea es un tema nuclear. Es un debate que está planteado con más o menos intensidad en todo el mundo. Y si nos centramos más en nuestro espacio geopolítico de la Unión Europea vemos que países que no están de acuerdo con los planteamientos que se están imponiendo —como es el caso que he mencionado antes de Polonia y **Hungría**— están sufriendo las represalias de la misma Unión Europea. Incluso se ha llegado a denunciar a **Hungría** por haber promovido en su constitución la **defensa de la vida** impidiendo así el aborto. Esa denuncia iba en la línea de que esa Constitución no promovía **valores europeos**, lo cual significaría que esos valores europeos habría que actualizarlos, especialmente teniendo en cuenta quiénes fueron **los padres fundadores de la Unión Europea** en los años 50: porque ellos fueron humanistas cristianos.

—Algunos de ellos en proceso de beatificación, señalaba usted antes.

—Efectivamente. Y tras una Gran Guerra donde el proyecto **Europa** —y esto lo ha explicado el **Papa Francisco** en sus discursos— vino a ser como un proyecto de reconciliación y un proyecto para fundar las bases para que no pudiera volver a ocurrir la catástrofe.

CAPÍTULO 8 RAÍCES CRISTIANAS DE EUROPA

«Europa, ¡sé tú misma!». JUAN PABLO II

No es casual que después de, no una, sino dos guerras mundiales fueran unas personas con el común denominador de un pensamiento humanista cristiano los que promovieran la Unión, como apunté hace un rato. En sus orígenes fue la **Comunidad Económica del Carbón y del Acero** (CECA), en tanto estos elementos eran materias primas para fabricar armamento; poniéndolo de esa manera todos los países en común se quería evitar que se reprodujeran las causas y circunstancias que llevaron a que se hubiera producido tres grandes guerras en el continente europeo en los últimos 50 años: la **guerra franco-prusiana** en 1870, la **Primera Guerra Mundial** del 14 y la **Segunda Guerra Mundial** del 39. Eso sí que eran los **valores europeos**, los **valores del humanismo cristiano**.

Y ahora parece que los valores europeos impidan que se defienda **la vida desde su concepción** hasta **la muerte**

natural. Lo cual quiere decir que se está produciendo sin darnos cuenta —o tal vez sí nos demos cuenta— una **metamorfosis**. En el proyecto actual de la Unión Europea parece que se intenta imponer —por la vía de hecho primero, y después legalmente— una clara **dictadura del relativismo**, en este caso **relativismo ético** y **relativismo moral**. En esta dictadura, antes se lo comentaba, se tipifica como delito y se penaliza al que disiente: de esta manera se confunde **legalidad** con **moralidad**. Así, todo lo legal sería moralmente aceptable, y por ende se puede imponer. Como consecuencia la confusión entre **justicia** y **libertad** es absoluta. Objetivamente hay **leyes justas** y hay **leyes injustas**, sin embargo, parece que en esta Unión Europea de hoy no va a quedar margen para la discrepancia.

«Francia es la hija primogénita de la Iglesia Católica»

Juan Pablo II ya lo advirtió: dijo que llegará un momento en que la **defensa de la verdad** será considerada como **intolerancia**. «**Europa, ¡sé tú misma!**», clamaba Juan Pablo II. El Papa polaco batalló como sabemos hasta su partida al cielo para que en el texto articulado de la Constitución de la Unión Europea figurara la referencia a las raíces cristianas de Europa, clave para una interpretación histórica verdadera; texto que por lo demás no vio la luz porque en el referéndum los países más laicistas de Europa, **Francia** y **Holanda** la dinamitaron. No deja de ser una paradoja.

Francia, en frase acuñada por Juan Pablo II en su primera visita a ese país, la calificó como "**La fille aimée de l'Eglise**". La **primogénita**. La segundogénita es España, después de **Clodoveo** y la **conversión de Recaredo**, en el tercer concilio de Toledo en el año 589 —curiosamente el 8 de mayo, el mismo día en que más tarde coincidiría el final de la segunda guerra mundial—. El caso es que «**Europa, ¡sé tú misma**!» es una llamada a volver a alimentarse de la savia de sus raíces cristianas. Además, **raíces cristianas** tras una síntesis magnífica elaborada y decantada a lo largo de siglos de **cultura griega**, de **derecho romano**; en definitiva eso es Europa. Sin eso Europa no existe. La **renuncia explícita** que ha hecho Europa a sus raíces cristianas es un suicidio colectivo.

Ahora estamos experimentando un acelerón histórico desde que estamos entrando en esa nueva etapa de desarrollo de la Unión Europea sin referencia a sus raíces cristianas; si por este afán de **post cristianismo** Europa deja de ser cristiana pasará a ser un territorio que no tendrá vida, como un cuerpo sin alma: un cuerpo sin vida. De la misma forma que una planta sin raíces muere, Europa puede morir porque se hayan secado o se hayan cortado sus raíces. Es una apostasía que si inicialmente ha pasado más o menos desapercibida o maquillada, hoy en día ya ha pasado a ser pública.

Conviene recordar a modo de ejemplo gráfico que en los primeros tiempos apostólicos aquellos territorios de **Anatolia** —lo que hoy es **Turquía**—, de **Armenia** — recordemos el genocidio armenio— y en fin los grandes patriarcados del norte de África, etcétera, fueron las primeras tierras de misión; y ya vemos cuál es la situación del cristianismo allí en estos momentos. Así, creo que en **Jerusalén**, **Roma** y **Atenas** podemos ejemplificar lo que ha sido la antigua Cristiandad. No es fácil para una sociedad post cristiana entender esas raíces, que incluso si se quiere ser más precisos habrá que llamarlas raíces judeocristianas; como tampoco será fácil entender otros fenómenos que se han ido, como la Ilustración. Y Bueno, tampoco está escrito en ningún sitio que Europa, la vieja Europa, vaya a existir hasta el final de los tiempos.

No es fácil tener este diálogo en el foro público, o este debate, porque en esta sociedad donde se está imponiendo la post verdad defender la existencia de una verdad acarrea una connotación negativa de intolerancia. Después esa palabra se lleva al código penal y se tipifica como delito, como le decía. Reconocer este legado en sus raíces cristianas evidentemente no significa **confesionalismo** porque Europa no se entendería sin la defensa de los derechos fundamentales y las libertades públicas conquistados, entre los cuales destaca el fundamental de la **libertad religiosa**.

—¿Los intolerantes se sienten Defensores de la tolerancia?

—Está claro. El **dogma del relativismo** consiste en decir que todo es relativo excepto lo relativo.

—Eso me recuerda a esa frase de Winston Churchill, que decía «deje de interrumpirme cuando estoy interrumpiendo» ...

—O también aquella de «esta mañana mientras me afeitaba meditaba lo que improvisaría con Usted señoría». A lo que iba es que en la **dictadura del relativismo**, es el mismo relativismo el que se convierte en un absoluto, por lo cual uno se tendría que dar cuenta de que estamos frente a un **oxímoron, una contradicción** *in terminis*.

A efectos de bibliografía sobre este fenómeno y sobre el mismo término de **Cristiandad** utilizado antiguamente, pienso que el libro de Juan Pablo II **"Memoria e Identidad"**, escrito a finales de su vida en coloquio mantenido con diversos intelectuales polacos, es un libro que define maravillosamente esta situación. También habló **Juan Pablo II** de ello en su otro libro **"Cruzando el umbral de la Esperanza"**, escrito con **Vittorio Messori** como sabemos. Ser el primer Papa venido del Este le permitió tener una visión de Europa.

«Lo que está bien y lo que está mal se decide en función de lo que yo piense, de lo que yo crea, de lo que yo opine»

La dictadura del relativismo

Es muy difícil hablar de la **Historia** cuando estás en el epicentro de la misma. Para ser escrita con un mínimo de objetividad y un mínimo de precisión, la Historia requiere el tiempo necesario que permite mantener una prudente distancia, que a su vez permitirá la decantación de los acontecimientos que han hecho de una parte un fragmento significativo de ella.

Sentada esta base creo que hay un consenso bastante generalizado sobre lo que voy a decirle, y que permite calificar los momentos que vivimos de nuestra historia utilizando adjetivos diversos pero que aun así en última instancia tienen un común denominador: se habla de **pensamiento débil**, se habla de **sociedad líquida**, aludiendo al **relativismo**.

Con el término **relativismo** se quiere expresar la ausencia de unos **valores** sólidos, unos valores no meramente coyunturales. Lo que está **bien** y lo que está **mal** se decide en función de lo que yo piense, de lo que yo crea, de lo que yo opine. Y los valores sólidos, ausentes en nuestra sociedad, deberían en cambio ser valores que sean tácita y expresamente aceptados, valores que trasciendan las diferentes coyunturas culturales y políticas. En definitiva, **el bien y el mal moral** no debe decidirlo la mayoría cultural, sociológica y política del momento, sino que trascienden esas coyunturas porque están anclados en la solidez de la roca que, para las sociedades cristianas, es **la tradición cristiana**, las **raíces cristianas**.

Cuando me refiero a **sociedades cristianas** me refiero a aquellas sociedades de la antigua **Cristiandad** en Europa, en términos políticos la **Unión Europea actual**, y de una manera muy singular **España**. Aquellas en que la **evangelización** se ha consolidado con el trascurso de los siglos. Por tanto sociedades con esas **raíces cristianas** que de manera muy singular expresan su identidad a través de los valores del **Evangelio** y sin las cuales esa identidad queda difusa.

Con la dictadura del relativismo, la post verdad

San Juan Pablo II, **Benedicto XVI** y ahora **Francisco** han hablado con mucha claridad del **relativismo**. Y ese estado más avanzado del relativismo se puede concretar hoy en **la dictadura del relativismo**. Por desgracia hemos tenido y estamos teniendo un día sí y otro también —y cada vez con más frecuencia— ejemplos que ponen esto de manifiesto. Recientemente hemos visto algo que podría parecer insólito en España: hemos visto, y usted lo mencionaba, cómo en **Catalunya** un obispo de la **Iglesia Católica** ha sido agredido y se le ha intentado imputar la comisión de un **delito de odio**.

«La Verdad os hará libres». —Santo Evangelio según San Juan

—En una entrevista en 2014 al todavía portavoz [el 5 abril de 2014. Joaquín Navarro Valls falleció el 5 de julio de 2017, pocos días antes de mis conversaciones con JFD -Nota del Autor] *de la Santa Sede Joaquín Navarro Valls me comentaba el entrevistado que, preguntándole él a San Juan Pablo II con qué frase de la Biblia se quedaría si tuvieran que desaparecer los evangelios y la Biblia entera, el Papa sin dudarlo le contestó que con la frase del evangelio según san Juan: «la verdad os hará libres»; y añadía el Papa que «había estado considerando esa frase durante los últimos 30 años y siempre aprendía a una cosa nueva».*

—Y teniendo en cuenta que **la Verdad** es **Jesucristo**. Cuando Poncio Pilatos le pregunta a Jesús «¿Qué es la **verdad**?», no se daba cuenta que la tenía delante: porque Jesucristo es la **Verdad**. En una **sociedad relativista**, que podemos calificar de plástica, la **post verdad** no deja de ser una etapa lógica en el desarrollo de los acontecimientos, donde el bien y el mal no existen objetivamente, como le he comentado antes.

«¿Y qué es la Verdad?» —Poncio Pilatos

—Y «Jesús también callaba», dice el Evangelio pero con Pilatos fue con el único que sostuvo una conversación, seguramente porque tenía Pilatos algo de genuino en su duda ...

—Así como al rey **Herodes** no le contestó, ni a la asamblea del **Sanedrín** cuando quisieron divertirse a su costa, a **Pilatos** sí que le contestó. Yo estoy personalmente convencido de que Pilatos se ha salvado por la **misericordia** de Dios; puede haberle perdonado, de hecho, le concedió la gracia de discutir con Él. Aunque la última frase de Pilatos fue: —«*¿y qué es la Verdad?*» Fue entonces cuando Jesucristo le dijo

> —*Todo el que es de la **Verdad** escucha Mi voz, (Jn 18,37-19,11).*
>
> —*¿Qué es la verdad? —Y habiendo dicho esto, salió otra vez a donde estaban los judíos y les dijo—: Yo no encuentro ningún delito en Él.*
>
> **—Y se asustó, y más con el sueño que tuvo su mujer que a la mañana siguiente le sugirió que a ese Hombre debía soltarlo, que ella «había sufrido muchos en sueños por su causa»** ...
>
> —Los agitadores de la masa, los **escribas** y los **fariseos,** dijeron «*ha dicho que es el rey de los judíos, nosotros no tenemos más rey que el César*». Es ahí donde cogió miedo Pilatos y es ahí donde **santo Tomás Moro** no cogió miedo.

Cristianofobia en la Europa de las libertades

> **—El rector del Colegio Mexicano en Roma comentaba en una rueda de prensa a la que asistí antes del viaje del Papa Francisco a México que «menos mal que México es un país laico, porque si no, con tantos millones de católicos seríamos fundamentalistas».**

—Ha tocado un tema importante. *«Oiga mire los* **cristianos** *no tenemos más* **derechos** *que nadie pero tampoco menos* **derechos** *que ninguno»*, me gusta decir. Tenemos los mismos derechos que todos y por tanto el derecho a intentar vivir en coherencia con nuestra Fe. Y por supuesto a decir que la **Verdad** no es nuestra, porque **Jesucristo** no es nuestro: Cristo es de todos, de todo el que quiera aceptarlo. De la misma manera que no podemos imponer a nadie nuestra verdad tampoco podemos aceptar que nos impidan **defender nuestra verdad**, y nuestro **querer vivir en coherencia** con aquello en lo que creemos. Este derecho, conviene decirlo, se está poniendo en cuestión en **la Europa de las libertades**, en **la Europa de los derechos humanos**: conviene ponerse en guardia, y desde luego España no es ajena en absoluto a esta tendencia.

—Personalmente me gusta decir que soy seguidor de una religión oriental. De hecho, el jefe de mi religión es de una minoría étnica invadida por un imperio, no es blanco ario, no tenía un trabajo conocido y era emigrante retornado, sin-techo y en paro de larga duración. Además, recibió la muerte típica de los peores criminales, la cruz, y le iban a enterrar en fosa común si no hubiese sido por un amigo de la familia que ofreció su mausoleo ... Religión oriental más que por el lugar de nacimiento de esa religión —Oriente Medio—, por los primeros sitios en que se desarrolló, y que ahora más bien ya son Europa Oriental y parte de Oriente Medio.

«Para ser políticamente correctos los católicos tendremos que decir que somos fieles de una religión oriental»

—Pues mire me lo hago mío, esto que me cuenta lo pienso utilizar en un futuro. Para ser políticamente correctos los católicos tendremos que decir que somos fieles de una religión oriental. De esta manera se nos respetará.

—Y esa minoría étnica a la que me refiero ha sido la gran estigmatizada; y junto a los cristianos aniquilados en el siglo XX sus descendientes son los más perseguidos y aniquilados del siglo XXI: pienso que con la masacre de cristianos en Irak y el Levante, y posteriormente también Siria; y no hablemos del Norte de África y tantos otros países como Yemen, hemos visto la repetición ante nuestros ojos de la Shoah o "catástrofe", el holocausto judío, sin olvidar los otros varios millones entre gitanos y homosexuales que exterminó el Tercer Reich. Y nos hemos acostumbrado. Aquí veo la acción de Satán, el "opositor" a Dios, el que busca por esencia destruir la Fe en Cristo en la tierra me comentaba el exorcista y padre carmelita Carmine de Filippis en una entrevista que me concedió recientemente en su convento de Viterbo a poco más de una hora en tren al norte de Roma.

Política, Bien Común e Interés General

—En febrero de 2004 el entonces Papa Juan Pablo II definía la política como «el uso del poder legítimo para la consecución del bien común de la sociedad». Y añadía que el Bien Común —como se afirma en los documentos que emanan del Concilio Vaticano II— «abarca el conjunto de aquellas condiciones de la vida social con las que los hombres, familias y asociaciones pueden lograr más plena y fácilmente su perfección propia» (Gaudium et Spes, 74).

—La definición de 'Política', común en **Juan Pablo II**, **Benedicto XVI** y **Francisco**, incluye que su práctica entendida como servicio al bien común puede llegar a ser una forma eminente de práctica de la caridad.

—Algunos podrían preguntarse si cuando un gobernante no deja de lado sus creencias no se podría caer en actos moralizantes según la ideología de cada político. Me ha hablado usted también en este mismo orden de cosas de la diferencia —compleja— entre Bien Común e Interés General...

—Yo recuerdo que en **España** hace unos años se consideró que en domingo y atendiendo al **interés general** debía ser retransmitido en abierto un determinado partido de la **Liga de Fútbol**. Que en España en una coyuntura concreta se considere de interés general el que un partido de la liga de fútbol —el que se determinara por instancias oficiales— fuera retransmitido en abierto, quiere decir que el **interés general** y el **bien común** no necesariamente van a coincidir. Muy difícilmente explicable para los no aficionados al fútbol. ¡Que conste que yo soy aficionado al fútbol!; para los no aficionados al fútbol, y aún entre muchos que les gustaba el fútbol, ¡hombre!, le diré que el hecho que se pudiera ver por televisión gratis ese partido en particular era dudoso que fuera por mor del interés general.

Valga la anécdota, rigurosamente cierta, para mostrar que el interés general cambia continuamente. Se expresa de alguna manera cuando se vota en las elecciones: los partidos políticos que comparecen en las elecciones lo hacen con unos programas determinados, expresados en las determinadas líneas de actuación con sus particulares prioridades a la hora de establecer el gasto público. Cuando uno vota por una **opción política,** de alguna manera implícitamente están votando a un determinado **interés** que él considera que es suyo; y así vemos que el interés general no necesariamente tiene que coincidir con el bien común, sino que afortunadamente va cambiando en las diferentes coyunturas electorales y es fluctuante. Es absolutamente indispensable por tanto saber diferenciar entre **bien común** y el interés general.

Bien común y Libertad de las conciencias

A partir de ahí yo personalmente creo que la doctrina moral y social de la Iglesia católica en relación con el **Bien Común** está muy clara. Es evidente que se fundamenta en los **valores cristianos**. No tienen todos que compartirlos, por supuesto, yo acepto y no podía ser de otra manera que haya gente que no piense como yo: ¡faltaría más! Lo único que reivindico es que uno pueda expresar con libertad y manifestar con libertad lo que cree, mientras no atente contra el interés general y el ordenamiento jurídico. Pero si el interés general se hace coincidir con la opinión mayoritaria de la ciudadanía en un momento concreto, me puedo encontrar con problemas legales y que incluso se ponga en cuestión mi libertad de expresión por opinar o por pensar de una manera contraria a lo que en un momento determinado se considera que es el **interés general**.

La post verdad y el hombre light

—*Un cantante español famoso comentaba que el embarazo y la regla hacen muy difícil ser mujer; y se me ocurre a mí que esta visión de la antropología del hombre, de la mujer, es bastante deficiente. En otras entrevistas algunos de mis interlocutores me comentan unánimemente la necesidad de abundar en lo que es el hombre, en lo que es la mujer, y en el caso del padre carmelita De Filippis compartía conmigo su preocupación por la necesidad de estudio para hacer una verdadera antropología de la mujer.*

—Pertenece a la condición de mujer, a su naturaleza, la transmisión de la vida, la maternidad.

—También recientemente el nuevo cardenal de Estocolmo, el carmelita Anders Arborelius, me hablaba hace dos meses en su despacho de la sociedad luterana sueca post cristiana, y de los jóvenes que no encuentran ya satisfacción en los valores que les quedan y buscan algo en la religión; se acercan así a la religión católica, que la luterana no les llena y sin querer comprometerse mucho buscan cada vez más pasar tiempo de meditación —incluso días—en un convento carmelita situado al sur de Suecia. Esto mismo me comentaba en aquellos días [junio de 2017] *el que fuera director del Seminario y de la misión española en Estocolmo, el padre Andrés Bernard: «esos valores universales de la juventud sueca serían como popularmente se dice "el bosque y el cuerpo": una buena forma física y la naturaleza». Y eso ya no les da respuesta a los cuestionamientos vitales de la juventud sueca.*

—**San Agustín** ya nos dijo «*Nos has hecho Señor para Ti, y nuestro corazón no descansa hasta que descanse en Ti*». Sin duda yo creo que esta es la gran cuestión.

—Para Navarro-Valls, «el gran desafío del momento, como lo ha sido probablemente en momentos anteriores es la gran necesidad de superar el gran vacío antropológico, ético, en un momento en que en nuestra época es bastante notable, el peor en la historia de la humanidad. Hay grandes problemas éticos en el mundo, pero es que antes que eso hay un gran problema antropológico, y es que no sabemos quién es el ser humano:

cada vez que en un congreso internacional de filosofía se habla de este tema de la naturaleza humana o se habla del tema de la verdad, resulta que la gente se siente incómoda, como si fueran dos temas que no tienen que ver con la identidad humana. Ahí está el gran déficit de nuestra época».

Así pues, ¡qué es el hombre! Porque cuando tengamos que batallar y hacer leyes que tengan sentido, casi se habrá convertido en un acto de fe creer en lo que el hombre realmente es.

«El eclipse de Dios lleva al eclipse de la anterior concepción del hombre»

—Si nos remontamos en la línea del tiempo y hacemos una breve excursión histórica desde la **Cristiandad,** encontramos primero un claro **teocentrismo,** donde **Dios** es el centro y la medida de todo. Por lo mismo, la casa de Dios era el templo, la catedral, y por ello tenía que ser la casa más maravillosa: y hoy vemos y todavía nos asombramos y admiramos de cómo en la **Edad Media** se construyeron esas magníficas catedrales.

Tras el declive de la Cristiandad, el **Renacimiento** dio paso al **Racionalismo** y la **Ilustración**, con la **Revolución Francesa** que marca una nueva etapa histórica en la que del **teocentrismo** se pasa a un **antropocentrismo,** donde el **hombre** es la **referencia** y la **medida** de todo. De esta forma se pasa de una época donde no había duda respecto a esa cuestión de qué es el hombre —el hombre era esa criatura de la que leemos en el Génesis que Dios creó, "varón y mujer los creó", y Dios vio que era bueno—, al desplazamiento de Dios por el hombre.

Así, no solo se deja de entender lo que ya se tenía claro anteriormente con un desarrollo cultural y unos conocimientos técnicos y científicos inferiores a los que tenemos hoy —sobre el ser del hombre y de la mujer—, sino que empieza a entrar en crisis la misma idea de **Dios.** Hasta el punto de entronizar en el altar mayor de la catedral de Notre Dame a la **diosa Razón**. Queda así patente que el **eclipse de Dios** lleva al eclipse de la anterior concepción del hombre; porque el hombre no se entiende si no es en referencia a Dios. Cuando digo hombre, es palabra tradicional para hombre y mujer, ya en el Génesis se lee "varón y mujer los creó".

El hombre se convierte al final en un **lobo para sí mismo**. La historia lo acredita: hemos visto el advenimiento en el siglo pasado —el siglo que estaba llamado a ser el **siglo "de las luces"**— del **racionalismo**, el desarrollo **científico** y **tecnológico"** etcétera, que se pensaba que nos conducirían por sí mismos tácticamente a **la sublimación del hombre**, a una nueva era de **paz**; hemos visto sin embargo cómo en ese siglo XX han ocurrido entre otras dos grandes **guerras mundiales** que han producido millones y millones de seres humanos víctimas de totalitarismos como el **comunismo** y el **fascismo**.

Hoy día hay que precisar estas cosas para no ser mal entendido, ya que la **ideología** se ha apoderado del **lenguaje** y ahora el lenguaje ya no se guía por las reglas de la gramática y desde las Academias de la Lengua, sino que se guía por la **ideología de género,** destructora del hombre desde su inicio, que es la **familia**.

TRES CON Ñ DE ESPAÑA

CAPÍTULO 9 ESPAÑA, DIAGNÓSTICO EN URGENCIAS

—Volviendo los ojos a España, radiografiando su sociedad, constatamos que sin dos sueldos es difícil llegar a fin de mes en un hogar con hijos. Hablando con unos matrimonios en Irlanda precisamente ahora hace un mes [julio de 2017] *me comentaban que toda familia en Irlanda recibe del Estado 180 € por hijo, hasta que el hijo o la hija cumple 18 años. El nivel de vida es similar al de España, aunque el precio de la gasolina es inferior y su sueldo mínimo interprofesional se acerca a tres veces el español.*

Solamente Serbia, Rumanía, Turquía, y Bulgaria nos superan en porcentaje de población en riesgo de pobreza con el 22,3%, ocupando España el quinto lugar en una lista de 33 países en Europa, incluyendo los 28 de la UE. Mientras que Francia arroja el 13,6%, Irlanda el 16,3%, Inglaterra el 16,7% o Portugal el 19,5% para citar países vecinos o más conocidos, en datos de 2016 [España se situaba en un 20,7 % en octubre de 2020. En el caso de los menores de 16 años, es el tercer país con más niños pobres de toda Europa por detrás de Rumanía y Bulgaria -Nota del Autor].

Me choca sin embargo que en esa misma lista España ocupa el puesto 18 por umbral de pobreza por persona, igual que por hogar. Sin embargo si miramos bien en cuanto a cantidad de Euros hasta llegar a nuestro puesto 18 esa cantidad es creciente de forma homogénea, en cambio la ordenación por porcentaje de población en riesgo de pobreza da que la media de los dos países precedentes es de 2.000 € para el umbral de pobreza por persona y la de los dos siguientes es de 3.000 €, con España en 8.000 en medio. ¿Indicaría esto que en España con más Euros se es más pobre como persona física que los 4 países precedentes y que los 6 siguientes?

Esto me lleva a preguntarme si somos una sociedad individualista, gastadores compulsivos. Aun así, seguimos siendo bombardeados por la propaganda del consumismo a través de la televisión, y más que nivel de vida bueno se me ocurre que tenemos un buen nivel de gasto, y parece que el crecimiento económico que despunta tras la larga crisis no repercute en las familias, siempre en datos de 2015 y 16. Ese es mi diagnóstico, ¿lo puede mejorar?

Sin entrar en ninguna discusión o enfoque político hablamos de **umbral de pobreza** —y no le quito ninguna importancia ni realidad al hecho que ha mencionado—. No voy a negarle la evidencia de que hay personas que viven en la pobreza y en la marginalidad. Sin embargo, aportando estudios sólidos del **Centro Nacional de Estadística** y de la **Unión Europea** veríamos que no tienen fundamento los discursos **catastrofistas**. Habrá además que buscar las **causas primeras** de esta situación. Se habla de ello en relación con la renta per cápita pero ese mismo ingreso en un país del tercer mundo no sería umbral de la pobreza.

—Pero es que además estamos o estábamos en el primer mundo, dicen los viejos de este país. Sin embargo, se estima que alrededor de 450.000 jóvenes emigraron de España durante la crisis iniciada en el 2008 para buscarse la vida en el extranjero, y parece que posteriormente los sondeos apuntaban a que una mayoría de ellos no deseaba volver a la situación que encontrarían en España a su regreso.

—Y a mi modo de ver buscando posibles causas deberemos referirnos en primer lugar a los valores que ya mencionamos hace un rato, para aterrizar en el **Carpe Diem**, en el "vive hoy". Por otro lado, la **solidaridad generacional** se está perdiendo.

La cultura del 'Carpe Diem'

—Los jóvenes gastan cantidades enormes de dinero en sí mismos por no saber ahorrar, y en familias numerosas 5 hermanos pueden gastar lo que dos en familias con hijos consentidos.

—En este sentido empieza a haber también preocupación de si nuestros hijos podrán vivir mejor que nosotros o no, porque van a tener que asumir un nivel de deuda importante. Así, tenemos una sociedad que está instalada en ese "**carpe diem**" del que hablábamos, y creo personalmente que el **consumismo** es el dios de nuestro tiempo, dios con minúscula; ese "carpe diem" también se traduce como "comamos y bebamos que mañana moriremos".

—Las culturas del trabajo y del ahorro parece que todavía renquean y si brillan es un poco por su ausencia.

Invierno demográfico y sostenibilidad del estado de bienestar

—Una gran preocupación es la baja **natalidad;** personalmente creo que estamos pasando por un **invierno demográfico.** Por un lado, la esperanza de vida es 10 o 12 años superior a la que era no hace demasiados años, por mor del **desarrollo clínico, médico y científico.** Sin embargo, la **edad de jubilación** se mantiene prácticamente la misma, cuando por el contrario la **vida activa no productiva** de una persona después de la edad de jubilación se alarga muchísimo más.

Por otro lado, esto conlleva un incremento no sólo del gasto de **pensiones** sino también de **gasto sanitario** y gasto **asistencial.** El **Estado social del bienestar** difícilmente puede garantizarse con esta tasa de natalidad para el futuro.

Creo que aquí hay algo que falla. No se podrá estar planteando la necesidad de incrementar la **natalidad** —aunque solo sea por razones, insisto, de garantía del **Estado del Bienestar**—, no se podrá hablar de aumentar las pensiones de la **asistencia social,** sanitaria, clínica etcétera si a la par que se incrementa la esperanza de vida no se incrementa en paralelo la **edad de jubilación** [a 1 de enero de 2021 la edad de jubilación aumentó de 65 a 66 años en España, y para 2027 se prevé aumentarla a 67 -Nota del Autor].

«La familia es la clave»

Soy de la opinión que **la familia** es la **célula básica de la sociedad**. Y en España la actual **tasa de natalidad** que apuntaba antes está por debajo de la **tasa de reproducción**. Y puedo hacer esta reflexión extensiva a **Europa** y no solamente a España.

—Sin embargo, a esas familias numerosas que le mencionaba hace unos minutos, hasta no hace mucho —y especialmente tras la cumbre sobre población de 1994 en El Cairo— se las criticaba de insolidarias. Mientras que es precisamente la educación en solidaridad que les dan los padres lo que convertirá a los hijos en buenos ciudadanos.

—Algo no estamos haciendo bien cuando además se está fomentando el **aborto.** Tenemos al alcance de la mano todo tipo de **material anticonceptivo,** y por otro lado se está fomentando el **matrimonio entre personas del mismo sexo** al tiempo que se facilita enormemente la disolución, la extinción del **matrimonio civil,** poniéndose así todo tipo de trabas y límites a lo que pueden ser las fuentes de la vida y a la posibilidad de aumentar los miembros de la sociedad.

—Le diré que incluso en el Vaticano y especialmente —pero no exclusivamente— por parte de algunos invitados a conferenciar en sus foros son favorables a la reducción de hijos para paliar el calentamiento global; o no ven en el aborto un mal absoluto: se está sugiriendo incluso por parte de arzobispos-secretarios de Dicasterios vaticanos la regulación de dos hijos por familia y el consejo de evitar las familias numerosas.

La juventud en riesgo

—Habrá que pensar qué horizonte le estamos dando a nuestra **juventud** —y yo hablo por mí—, con la multitud de medios de **comunicación** que existen hoy y la consiguiente **saturación informativa** que tiene nuestra juventud, a lo que se le puede añadir el **problema de la droga** que no existía en nuestra generación.

Para ser más justo y más objetivo en el análisis tienes que ser necesariamente más benévolo con las **condiciones de contorno**, como se llaman en términos matemáticos: las **condiciones de contexto social** en la que nuestros jóvenes están desarrollando su vida son de **riesgo**. Cuando le hablo de nuestros jóvenes le hablo de jóvenes desde los 18 hasta adultos jóvenes de 35 años. Estas condiciones de contexto social son de una **agresividad** incomparablemente superior a la de nuestra generación y, por tanto, no podemos hacer un juicio meramente estático como lo haríamos si las condiciones de contorno fueran las mismas que las nuestras de antaño.

En este caso la juventud está en una posición de valor sensiblemente por debajo de la nuestra. El punto de vista de otros indicadores nos dice que esta generación es la **más preparada,** la **más formada** del siglo, pero yo digo que no es así. Sí es la que tiene acceso a más medios, a un nivel de **desarrollo científico, técnico y tecnológico** como nunca lo había habido: el **progreso de la ciencia** y de **la técnica** son exponenciales. Sin embargo, eso es una cosa y otra cosa distinta es que nuestra juventud esté mejor preparada y mejor formada.

Veo que el juicio sobre esta generación —la valoración y la evaluación— debería ser lo más objetivo posible para que nos proporcionara alguna luz. Nunca para decir que cualquier tiempo pasado fue mejor ni tampoco que lo será cualquier tiempo futuro. Eso no son más que eslóganes y luces de neón que no tienen más contenido y no pasan de ser una frase más o menos ingeniosa. Hay que tenerlo en cuenta a la hora de hacer análisis y un diagnóstico de la situación y aplicar terapias adecuadas.

CAPÍTULO 10 EL MULTICULTURALISMO: GUETOS O INTEGRACIÓN

Multiculturalismo: gueto o integración

—Inmigración: ¿es posible la convivencia en un entorno multicultural tan radicalmente divergente como principalmente lo es entre el islam y las culturas de los países de Europa de tradición judeocristiana y de derecho greco-romano?

La **convivencia** es posible pero la **integración** es imposible. Es imposible desde el **cristianismo** integrar el **islam**. No digo que sea imposible al revés. El islam como fuerte **cosmovisión** está en condiciones de integrar a un cristianismo débil: una mera cultura cristiana, tradición histórica cristiana débil sin conciencia de sí misma y de sus raíces.

Tenemos sin embargo ámbitos geográficos más limitados donde se ha dado por lo menos esa **convivencia.** Los casos de **Ceuta y Melilla** son emblemáticos: tienen cada una de ellas algo más de 80.000 habitantes y allí hay judíos, musulmanes, católicos y otras confesiones cristianas viviendo en una convivencia armónica de manera ejemplar: yo lo he podido constatar personalmente de manera especial.

—Aun así, tenemos un mismo Dios, el mismo Dios tanto para el islam como para el Cristianismo. Dios es Creador para las dos religiones, aunque para los cristianos es también Padre. El musulmán se considera hijo de Adán.

—No es el mismo **Dios**. El Dios cristiano es un Dios trinitario.

—Bien mirado, desde este enfoque todos los cristianos somos infieles para el islam, y también blasfemos, pues el cristiano cree y adora a Dios Hijo en la Segunda Persona de la Trinidad. Para el islam un Dios no puede tener hijos y afirmarlo es blasfemia.

Hace pocos años un conocido mío, imán de una mezquita de Amman en Jordania, me felicitó la Navidad por Facebook al igual que yo le estaba felicitando casi simultáneamente por la conmemoración del nacimiento de su Profeta Mahoma, al coincidir ese 25 de diciembre las dos efemérides en el mismo día. ¡Ambos nos felicitamos los respectivos acontecimientos, espontáneamente y al mismo tiempo!

—Sí, es posible, ahora se ha sembrado la cizaña de la discordia por la vía del **terrorismo islámico**, que está haciendo un tremendo daño al islam. Y por supuesto a la convivencia entre **religiones**, ¿no?

Islamización de la vieja Europa

—Un problema con el fenómeno del multiculturalismo a mi modo de ver es que cuando ese multiculturalismo aterriza en un lugar donde no hay valores, como ha dicho usted antes —en el caso de España y Europa una filosofía histórica cristiana light—, este multiculturalismo ancla entonces como lo haría un virus. Parece que esto no debería de ocurrir si tuviéramos unos valores fuertes. En ese caso los mostraríamos, los compartiríamos con orgullo, como dice el Papa Francisco «dialogar desde el piso de la identidad propia».

—Una sociedad que tiene una **identidad** consolidada y una identidad que define la base para unos valores compartidos, es de manera implícita y también de una manera transversal una **sociedad plural**. Asumidos esos **valores** por la gente que integra esa sociedad, de alguna manera esta se siente segura de sí misma. Y se siente segura de sí misma porque sabe quién es y sabe qué es: qué valores la definen.

Desde esta seguridad en su **identidad** esa sociedad estará en posición de **integrar** a personas procedentes de otras **religiones** y **culturas**. Esta **integración** sin duda va a enriquecer la sociedad originaria. Si por el contrario no existe esa identidad definida, no se producirá la deseada **integración cultural**. Quizás lo que se producirá será una **ósmosis cultural**. Así, esa **sociedad civil** en la que presuntamente se iban a integrar estas gentes recién llegadas, lo que sucede en cambio es una **expansión** transversal de las **nuevas culturas** por ósmosis, sin integración.

El **multiculturalismo** no me parece a mí que sea un objetivo digno de ser trabajado "per se". El fenómeno del multiculturalismo me parece que es una mera **yuxtaposición** de culturas: se logra de esta manera como un rompecabezas, un puzle. No me gusta la palabra **gueto**, pues tiene connotaciones horribles en el trasfondo de la historia europea, pero sí que el multiculturalismo origina compartimentos estancos. Tienes instalados los chinos en este lado, los pakistaníes o los judíos en este otro, y en el de más allá tienes a los cristianos. A esto no le llamaría yo **convivencia**. Como mucho puede acercarse a la **coexistencia**, pero hay que aspirar a la convivencia, no a la mera **coexistencia** ni tan siquiera a una **yuxtaposición de convivencias**.

El **multiculturalismo** al límite sería, para entendernos, una **Jerusalén;** y dentro de Jerusalén más concretamente —en la ciudad vieja—, si se quiere, la **Basílica del Santo Sepulcro**. Este multiculturalismo se proyecta claramente en el interior de la Basílica del Santo Sepulcro donde tienes, en base al *status quo* del siglo XIX, la zona reservada para los católicos, la zona reservada para los cristianos ortodoxos, la zona para los armenios y así sucesivamente.

Al Suroeste de la **Jerusalén** antigua está el **barrio armenio**; y después tienes el **barrio judío** en el Sureste de la Ciudad Santa. ¿Están conviviendo esas religiones? Bueno, están compartiendo un espacio físico. Yo creo que ese no es el objetivo; aunque no siempre se puede conseguir lo deseable.

CAPÍTULO 11   ENCUENTROS CON BENEDICTO XVI. AMOR DEL PAPA ALEMÁN POR ESPAÑA

—Este mismo año [por 2017] *Benedicto XVI le recibió por tercera vez...*

Sí, fue el pasado 8 de febrero. A través de un amigo común el Papa emérito tuvo conocimiento de la seria **intervención quirúrgica** que sufrí y me transmitió su deseo de recibirme cuando yo pudiera. Así el 8 de febrero mi esposa y yo cogimos el avión de ida y vuelta en el día a **Roma**. Le vimos de nuevo en el **Mater Ecclesiae**. Por tanto he tenido el privilegio, no lo oculto, de poder estar tres veces con él en esta etapa de su vida como **Papa Emérito**.

Había tenido otra anteriormente, la primera de todas, el 11 de febrero de 2013, día de la **Virgen de Lourdes**. El miércoles anterior 6 de febrero había estado con él en una audiencia privada en que me recibió al frente de una representación de la **Guardia Civil**. Estaban presentes todos los rangos de la Guardia Civil, desde teniente general a guardias civiles. La ocasión fue la finalización del **Año Jubilar** que la Santa Sede había concedido a la **Guardia Civil** por el centenario de la proclamación del Patronazgo de la **Virgen del Pilar** sobre el Cuerpo. Le regalé un pequeño tricornio de plata que es el regalo principal del Cuerpo, con una Virgen del Pilar muy bonita encima.

«Hasta ahora no había contado nunca esto»

Noté tras un breve saludo que el Papa estaba muy cansado, muy fatigado. Obviamente no le di más trascendencia al asunto. Mi sorpresa fue cuando cinco días después el Papa anuncia su renuncia. Esa fue pues su última audiencia privada en su pontificado y eso me impresionó.

Hasta ahora no había contado nunca esto. Después, en 2015, le escribí una carta en la que le manifestaba mi afecto por su persona. Le decía que rezaba por él y le pedía que rezara por mí, a la vez que le solicitaba una audiencia privada con mi mujer. Sabía que él ya no concedía audiencias privadas, y más cuando el Papa Emérito no tiene agenda pública. Le escribí la carta con el membrete oficial no ocultando así en ningún momento quien era, como quedaba patente y era lógico esperar. Mi sorpresa fue que al cabo de unas pocas semanas recibí una carta de su secretario monseñor **Georg Gänswein** en la que me acusaba recibo de mi escrito diciéndome que el Papa emérito **Benedicto XVI** con mucho gusto nos recibiría a mi mujer y a mí. Incluso para facilitar más la posibilidad de ese encuentro se me ofrecieron tres fechas a elegir. Fuimos así recibidos mi mujer y yo el jueves 17 de junio de 2015 de nuevo en el convento Mater Ecclesia en los Jardines

Vaticanos donde vive. La verdad es que fue una conversación extraordinaria. Guardo un recuerdo imborrable de esos nada menos que 55 minutos. El Papa emérito hablaba en italiano y yo en español. Hablábamos despacio para entendernos mejor.

Ratzinger, sucesión natural de Wojtyla

Creo que el pontificado de **Benedicto XVI**, el tiempo ya lo evaluará, fue una sucesión natural al de su predecesor. En todo caso no era fácil suceder a un gigante como era Juan Pablo II tras un pontificado que si no recuerdo mal fue el tercero más extenso después de San Pedro. Y no solamente extenso sino también intenso y denso.

También creo que el pontificado de **Juan Pablo II** es histórico desde muchos otros puntos de vista: ya desde el punto de vista estrictamente eclesial por la influencia que su pontificado tuvo en la historia, en particular en Europa aunque también en el mundo en general. No podemos olvidar que si cayó pacíficamente el **telón de acero**, o el **muro de Berlín** —sin disparar un solo tiro– fue un milagro, y pónganle a la expresión "milagro" todas las comillas que le quieran poner, pero sin duda eso se debió de forma determinante a la figura y a lo realizado por san Juan Pablo II.

Benedicto y España: Evangelio y defensa de la Fe

—Y, ¿de qué hablaron?

—Hablamos de las visitas con que él había honrado a España: en el **Encuentro Mundial de Familias** el 9 de julio de 2006 en Valencia, Encuentro que había dejado ya convocado san **Juan Pablo II** antes de morir. Después cuando estuvo en Santiago de Compostela el 6 de noviembre de 2010 con ocasión del **Año Jacobeo**, y al día siguiente 7 noviembre **en Barcelona** para la dedicación de la **Basílica de la Sagrada Familia**. La tercera vez fue en Madrid con ocasión del encuentro durante las **Jornadas Mundiales de la Juventud**, la **JMJ** de agosto de 2011. Fuimos rememorando esos momentos y el los recordó con extraordinario detalle. Me quedó más claro aún que antes el gran cariño que siente hacia España y hacia los españoles.

Algunos de sus comentarios en relación con España me impresionaron mucho, me dieron mucha paz, la verdad. Algunos me los guardo como íntimos. Me habló del valor de España y de la labor de España como instrumento para la **expansión y defensa de la Iglesia y el cristianismo**. Hizo especial referencia a la labor de España en la **Contrarreforma**, y a que todavía hemos de tener mucha fe y mucha confianza en el futuro poniendo el acento en la humildad, la **oración** y el **sufrimiento** y la **devoción a la Virgen** como armas con las que derrotar a los adversarios y enemigos de la fe y de la Iglesia.

«Soy muy providencialista»

—Sus proyectos para los próximos 20 años?

—Si algo he aprendido en mi vida es que realmente la **Providencia** nos sorprende. Por lo menos yo personalmente tengo la sensación de que no soy el único pero solo puedo hablar con rigor de mí mismo. Me he planteado algunos **retos a lo largo de mi vida**, algunos de ellos los he conseguido. Al mismo tiempo han aparecido ante mí objetivos que yo no me había planteado. He visto después que considerados de manera sucesiva dan, en mi opinión, un sentido a mi vida.

Esto que le cuento hace que en estos momentos no me plantee yo una cosa clara que quiera conseguir, sino que lo claro es gestionar el día a día: dejar en manos de **la Providencia** lo que proceda sobre todas las cosas. Cuando hablo de la Providencia, no peco de **imprudencia**, ni tan siquiera de **imprevisión**. La prudencia evidentemente es una virtud que uno tiene que practicar: uno tiene que preocuparse por su futuro. Pero no hasta el punto de programar tu vida con un objetivo concreto y determinado. Hay que **tener retos**, hay que **tener objetivos**.

Personalmente —porque quizás estoy todavía en esta transición del antes al inmediato futuro— lo que estoy haciendo es **decantar el pasado en mi presente**. El **presente** para mí es un **permanente tránsito** entre el pasado que ya ha sido y el futuro que va a ser. Con mis 67 años [en agosto de 2017 -N de A] tengo ya una **larga trayectoria vital** por detrás, una **larga trayectoria política**. Estoy activo todavía en la política, soy **diputado del Congreso** y **miembro del Comité Ejecutivo Nacional** de mi partido. Ahora en estos momentos no me planteo ni me dejo de plantear retos políticos concretos, o retos vitales específicos. Hasta ahora mi vida y la política han discurrido muy unidas hasta el punto de que el **sentido de mi vida humana** viene necesariamente unido a mi actividad política. Con ello quiero decir que estoy abierto a distintas posibilidades intelectuales. Soy muy **providencialista**.

AGRADECIMIENTOS

Extiendo mi agradecimiento a aquellos y aquellas que me han apoyado, ayudado y animado a poner estas horas de conversación en este formato libro, desde su gestación a su parto, y en el camino también a los que han sostenido mi ánimo, me han brindado el calor de su amistad o han compartido conmigo la pasión por escribir.

He acometido esta obra que aquí presento para facilitar más la divulgación del contenido de esas aproximadamente 6 horas de conversaciones entre **Don Jorge Fernández Díaz** y yo en agosto de 2017 en la tranquilidad de un patio bañado por el sol y con el calor tamizado por la brisa y la sombra de unos árboles llenos de hojas, en una casa en tierras navarras. Gracias también a **Roberto**, a **Jaime Vilalta Berbel**, con quien comparto ahora su amistad con Jorge Fernández Díaz, los dos son grandes *fatimólogos*. A **Belén** por sufragar tantos gastos alrededor de la realización de este trabajo y por darme tanto amor en este camino como escritor, al profesor **Daniel Arasa Favà** por el prólogo en este libro, y, *last but not least*, vaya sin necesidad de decirlo, a **Jorge Fernández Díaz** que me regaló el placer de su conversación y me hizo partícipe de una parte significativa de sus experiencias vitales personales sin yo merecerlo. Y a tantas personas que por mi torpeza no he mencionado y sin las cuales, estoy seguro, nada hubiera sido.

Jordi Picazo

ACERCA DEL AUTOR

Jorge Fernández Díaz (Valladolid, 6 de abril de 1950) es un político español, miembro del Partido Popular, si bien a lo largo de su trayectoria política ha militado también en otros partidos como UCD, CDS, y Alianza Popular. Establecido en Barcelona desde los tres años, estudió ingeniería industrial (especializado en organización industrial) y accedió por oposición al cuerpo de inspectores de trabajo y seguridad social y fue ingeniero del Instituto Nacional de Seguridad e Higiene en el Trabajo. Fue ministro del Interior del Gobierno de España desde el 22 de diciembre de 2011 hasta el 4 de noviembre de 2016. Desde entonces es presidente de la comisión de peticiones del congreso de los diputados y diputado por Barcelona.

Entre los puestos en los que se ha desempeñado se incluyen el de Delegado provincial de Trabajo en Barcelona (1978-1980), Gobernador civil de Asturias (1980-1981), Gobernador civil de Barcelona (1981-1982), Concejal en el Ayuntamiento de Barcelona (1983-1984), Diputado en el Parlamento de Cataluña (1984-1989), Diputado por Barcelona en el Congreso de los Diputados (1989-1996), Secretario de Estado para las Administraciones Públicas (1996-1999), Secretario de Estado de Educación, Universidades, Investigación y Desarrollo (1999-2000), Secretario de Estado de Relaciones con las Cortes (2000-2004), Diputado por Barcelona en el Congreso de los Diputados (Desde 2004), Vicepresidente tercero del Congreso de los Diputados (2008-2011), o Ministro del Interior (2011-2016). El

20 de julio de 2018, con la victoria de Pablo Casado en el Congreso Extraordinario del Partido Popular, fue nombrado secretario ejecutivo nacional de interior y libertades. En la actualidad, considera la política como un «magnífico campo para el apostolado, la santificación y el servicio a los demás». Fernández Díaz es miembro del Opus Dei.

En el desempeño de los diversos cargos y responsabilidades que ha ocupado Jorge Fernández Díaz ha recibido entre otras las distinciones de **Caballero Comendador de la Orden de la Legión de Honor** (República Francesa), **Caballero Gran Cruz de la Orden Civil al Mérito** de Portugal (República Portuguesa), **Distintivo de Honor del Valor Cívico y Mérito de Primer Grado** (República de Bulgaria), **Caballero Gran Cruz de la Orden de San Carlos** (República de Colombia), **Gran Cruz de la Orden de San Gregorio Magno** (Santa Sede), o **Caballero Gran Cruz de Mérito de la Orden Constantiniana de San Jorge** (Casa de Borbón-Dos Sicilias).

Daniel Arasa Favà (Jesús Tortosa, 1944) es un periodista español, ensayista, profesor universitario y promotor de organizaciones sociales y culturales. Ingeniero químico y doctor en Humanidades, Arasa ha publicado más de una veintena de ensayos históricos sobre la Guerra Civil Española –con especial hincapié en el papel de los medios y en la persecución religiosa– y la participación de los españoles en la Segunda Guerra Mundial. Fue reportero (enviado especial) durante cuarenta años sobre todo para la agencia *Europa Press*. Redactor jefe de *Europa Press* de Cataluña durante veintiséis años, trabajó también para "Tarrasa Información", "La Hoja del Lunes" y "El Correo Catalán".

Crítico con la "cristianofobia" de determinados colectivos, en la actualidad colabora con "La Vanguardia", *Barcelona Televisió*, *COPE*, *Ràdio Estel*, "Forum Libertas" y "L'Ebre". Como profesor universitario impartió "Fuentes Informativas" en la *Universidad Pompeu Fabra*, y "Fuentes Informativas" e "Historia del Periodismo" en la *Universidad Abad Oliva CEU*.

Casado y padre de siete hijos, es un defensor de la familia en sus diferentes vertientes. Es presidente de la *Plataforma per la Família, Catalunya-ONU 2014*, lo fue del *Grup d'Entitats Catalanes de la Família* (GEC) y dirige *CinemaNet*.

Entre sus publicaciones cabe destacar "La batalla del Ebro a través de los partes de guerra, la prensa y la radio", que hace un análisis sobre el periodismo durante la contienda; "La batalla de las ondas en la Guerra Civil española"; "De Hemingway a Barzini. Corresponsales extranjeros en la Guerra Civil"; en "100 Consells de Guerra. Vol.I" repasa 100 juicios sumarísimos del franquismo realizados en Tortosa, resultado de una investigación en el Tribunal Militar Territorial Tercero, en Barcelona, y en el Tribunal Militar Territorial Primero, en Madrid; en "Jesús en guerra (1936-1938)" relata cómo sucedió la guerra en su pueblo natal, Jesús, de 3000 habitantes, pedanía de Tortosa entonces; "La invasión de los maquis"; "Los españoles de Stalin. La historia de los que sirvieron al comunismo durante la Segunda Guerra Mundial"; "Los españoles de Churchill"; "Els catalans de Churchill", "La guerra secreta del Pirineu (1939-1944)", "Los españoles en la guerra del Pacífico", y "Exiliados y enfrentados. El exilio español en Inglaterra"; "Entre la Cruz y la República"; en "Católicos del bando rojo" refleja la trayectoria de personas que sin abdicar de su fe siguieron siendo leales a la República: los generales Rojo, Escobar, Batet, Aranguren, Hernández Saravia o Salcedo, el contralmirante Azarola, otros altos cargos militares como Joaquín Pérez Salas o Ibarrola, políticos destacados como Manuel de Irujo, Manuel Carrasco i Formiguera, Ventura Gassol, Claudio Sánchez Albornoz, Ángel Ossorio y Gallardo o Luís Lucia. Con este libro desmitifica la idea de que todos los católicos estuvieran del lado de Franco, y que fue falso que la Iglesia apoyara unánimemente el levantamiento de Franco en 1936. También ha publicado diferentes obras sobre el papel de los cristianos en el mundo actual y su persecución en determinados lugares: "Cristianos, entre la persecución y el mobbing" y "Drets humans i religió a Catalunya". Cuenta con otras muchas obras monográficas y diversas en colaboración con varios autores.

Entre los premios recibidos figuran el Premio Carles Rahola de ensayo (1989), por "Els catalans de Churchill"; "Carles Cardó" de Periodismo (2012) concedido por la Asociación 'Persona i Democràcia'; "Micrófono de Plata" por la trayectoria periodística, concedido por APEI Catalunya (2002); Premio "Ángel Herrera" de la Universitat Abad Oliva a la mejor labor docente, y otros por la información económica y religiosa.

Jordi Picazo (Mataró, España, 10 de julio de 1962) cursó filología inglesa en la *Universitat de Barcelona*, obteniendo el título de *Máster* y el *Certificado de Aptitud Pedagógica* que habilita como profesor de secundaria en España (1986-), y el *Qualified Teacher Status* en Reino Unido (QTS) (1990-) que habilita como profesor de Primaria, Secundaria, Educación Especial y otras en Reino Unido. Es asimismo técnico titulado en Edición de Productos Editoriales Multimedia.

Picazo es miembro del *Il. lustre Col.legi de Periodistes de Catalunya*, y del *Chartered Institute of Journalists* de Reino Unido —el primer colegio de periodistas que hubo en el mundo, del cual también era miembro Winston Churchill—. Asimismo, es miembro de la RNA (*Religion News Association*) de Estados Unidos de Norteamérica y la *International Association of Religion Journalists* (IARJ). Ejerce el periodismo investigativo independiente y publica en medios internacionales online.

Desde 1986 se ha dedicado a la enseñanza del inglés como lengua extranjera (EFL) habiendo también enseñado esta lengua como Segunda lengua (ESL) en EE. UU. a inmigrantes americanos que llevando décadas en algunos casos, estaban poniendo al día su inglés para obtener la nacionalidad estadounidense. De 1990 a 1994 ha enseñado Lengua y Literatura españolas en la enseñanza reglada en Londres como profesor titulado (QTS) por el *Ministerio de Educación Británico*. Durante los años 1992 a 94 trabajó como profesor titular de Lengua Española en la famosa escuela de enseñanza secundaria Harrow School. Harrow, junto a Eton, es una de las escuelas de secundaria más famosas del mundo, habiendo tenido como alumnos a Churchill, el Rey Hussein de Jordania, Lord Byron, el actual Emir de Qatar, 7 primeros ministros de Inglaterra, los dos príncipes reales de hoy de Jordania, etc. Ha sido también Examinador en la *Universidad de Londres* para los exámenes de admisión a las Universidades británicas entre 1992 y 1995. Ha publicado diversos libros de entrevistas y ha colaborado con diversos medios de comunicación internacionales. Desde 1990 a 1995 hizo estudios de doctorado en el *Birkbeck College* de la *Universidad de Londres*, que interrumpió y dejó sin finalizar.

Jordi Picazo es orgulloso padre de una hija de 22 años y de un hijo de 23 años, ingeniera biomédica ella y técnico en ciencias del deporte él.

BIBLIOGRAFÍA SELECCIONADA

"La santità è possibile. Nascono per non morire", CARDENAL JOSÉ SARAIVA MARTINS

"La Santità in un Mondo che Cambia", CARDENAL JOSÉ SARAIVA MARTINS

"Cien años de Fátima (IV): Entrevista exclusiva para ECCLESIA al director de la Causa de canonización de Francisco y Jacinta", ENTREVISTA DE JORDI PICAZO

"La Virgen del Pilar y la Guardia Civil cumplen 100 años juntos": HOMENAJE EN ZARAGOZA

"Papa Francisco pide no enseñar identidad de género en las escuelas", CNN español

"El gobierno catalán censura el magisterio de Francisco sobre familia y afectividad. La Persecución Religiosa (III)", ARTÍCULO DE JORDI PICAZO

"Pilar Rahola: "Si los políticos cumplieran los diez mandamientos, iríamos muy bien", CRÓNICA DE JORDI PICAZO

"El tesoro del tiempo". HOMILÍA DE SAN JOSEMARÍA ESCRIVÁ DE BALAGUER

"Entrevista al juez Emilio Calatayud", ENTREVISTA DE JORDI PICAZO

Obispo español tiene que ser protegido a la salida de su iglesia. La persecución religiosa (II), ARTÍCULO DE JORDI PICAZO

"Joaquín Navarro-Valls: "El ser humano no está fabricado. Tiene que hacerse con su libertad", ENTREVISTA DE JORDI PICAZO

"Cardenal electo Arborelius: "Si pierdes el sentido de Dios, pierdes el sentido del hombre". V Centenario de Lutero (V)", ENTREVISTA DE JORDI PICAZO

"Conversaciones con un exorcista II: la destrucción de la Fe y la familia", ENTREVISTA DE JORDI PICAZO

Más escritos del Autor en **www.jordipicazo.com**
Correo electrónico de contacto: _jordipicazosalomo@gmail.com_
Web del libro: _facebook.com/lapoliticadelasantidad_

ÍNDICE DE MATERIAS

"ceder sin conceder", 21
"comamos y bebamos que mañana moriremos", 73
"Cruzando el umbral de la Esperanza"
    libro de Juan Pablo II, 57
"Dejà Vue", 46
"el bosque y el cuerpo", 65
"El Tesoro del Tiempo", 40
"Europa, ¡sé tú misma!", 53
"La fille aimée de l'Eglise",, 54
"Memoria e Identidad"
    libro de Juan Pablo II, 56
"Memorias de la segunda guerra mundial", 46
"Qué Bello es Vivir", 46
"varón y mujer los creó"
    Génesis, 66, 67

aborto, 4, 43, 44, 51, 75
actividad política, 87
acuerdos. *Véase* Santa Sede
ajuste presupuestario, 43
alma, 3, 5, 18, 40, 55
Amoris Laetitia, 30, 31
Anatolia
  Armenia
    patriarcados del norte de África, 55
ancianos. *Véase* más vulnerables
Anders Arborelius, 65
Año Jacobeo, 86
Año Jubilar. *Véase* Guardia Civil
año jubilar del 2000. *Véase* Juan Pablo II
antropocentrismo, 66
apostasía, 55
aptitud, 48
arzobispado de Barcelona, 29
arzobispo de Canterbury. *Véase* Justin Welby
aumentar las pensiones, 74
austeridad, 19
autoridad, 2
Ávila, 21, 22

baja **natalidad**, 74
Balduino de Bélgica, 14
Basílica de la Sagrada Familia, 86
Benedict Cumberbatch, 15
Benedicto XVI, 14, 23, 58, 62, 83, 84, 85
Biblia, 59
Bien Común, 3, 14, 19, 20, 62, 63, 64
Boris Johnson, 23
buen hacer, 46
buenos ciudadanos, 75

Bulgaria, 71

cada día de vida
  prórroga, 5
Camino, 40
Camino, 40
Caminos
  Ingeniería de, 18
Cardenal Saraiva Martins, 17
caridad, 3, 14, 16, 19, 63
Carmine de Filippis, 62
Carpe Diem
  "vive hoy", 73
Carta de los Derechos Humanos, 32
Catalunya, 30
catedral de Notre Dame
  diosa razón, 67
católico, 4, 16, 22, 31, 35
ceder. *Véase* humildad
célula básica, 49, 75
centenario. *Véase* Guardia Civil
Centro Nacional de Estadística, 72
cloacas del Estado, 1
Clodoveo, 54
Club Kelston, 23
coartadas
  autoengaños, 5
coherencia, 14, 61
Colegio Mexicano, 60
comenzar
  recomenzar, 45, 47
competencia. *Véase* aptitud
Comunidad Económica del Carbón y del Acero
  CECA, 53
concebido no nacido. *Véase* más vulnerables

conciencia bien formada. *Véase* rectitud de intención

Concilio Vaticano II, 16, 62

condiciones de contorno

condiciones de contexto social, 76

confesionalismo

clericalismo, 33, 56

conflictividad social, 43

Congregación para la Causa de los Santos. *Véase* Cardenal
Saraiva Martins

Constitución, 32, 54

contentar ahora a uno

ahora a otro, 20

continuar en el gobierno. *Véase* no dimitir

Contrarreforma, 86

control de las personas, 1

convicciones morales. *Véase* libertad de las conciencias

corrupto. *Véase* rectitud de intención

CREADOR. *Véase* gloria

crisis, 49

crisis de identidad, 22

crisis económica, 43

Cristiandad, 16

Cristiano, 13, 23

cristianofobia, 92

Cristo, 61, 62

crítica del público, 21

culto, 31

cultura griega

derecho romano, 55

culturas del trabajo y del ahorro, 74

cumbre de El Cairo, 75

cumplimiento de las leyes, 2

Custodio Ballester, 30, 32

David Cameron, 23

De Gaulle, 16

decantar el pasado, 87

defensa de la verdad

    intolerancia, 54

defensa de la vida, 51

delito de odio. *Véase* ideología de género

Denzel Washington. *Véase* Dejà Vue

desafío del momento

    vacío antropológico

        la identidad humana

            gran déficit de nuestra época, 65

desarrollo **científico**

    tecnológico, 67, 76

desarrollo clínico

    médico

        científico, 74

desbarajuste

    caos

        desorden, 20

designio. *Véase* Dios

destino, 39

devoción a la Virgen, 86

día a día, 20, 87

dictadura del relativismo

    relativismo ético

        relativismo moral, 54, 56, 58

dimisión. *Véase* no dimitir

Dios, 5, 13, 14, 16, 17, 18, 23, 40, 46, 60, 62, 66, 67, 80, 96

dios dinero, 23

diputado del Congreso, 87

discursos **catastrofistas**, 72

doctrina católica, 31

doctrina oficial de la Iglesia, 32

dogma del relativismo, 56

eclipse de Dios, 67

ecumenismo, 27

edad de jubilación, 74

Edad Media, 66

el Señor, 23, 31

Encuentro Mundial de Familias, 86

enfermedad, 5, 40

    puertas de la muerte

      al borde de la muerte, 5

Enrique VIII, 20

errores, 4, 41, 45, 46, 47

escribas

    fariseos, 60

eslóganes, 77

España, 14, 19, 22, 31, 35, 43, 49, 54, 58, 61, 63, 71, 72, 73, 74,

    75, 81, 85, 86

esperanza de vida, 74

estado de bienestar, 49

Estado de Derecho, 32, 33

Estado Español, 32

Estocolmo, 65

ética, 4, 26, 27, 49, 50

Eton College, 23

Europa, 31

eutanasia, 50

Evangelio, 31, 58, 59

evangelización, 58

Faisal de Irak, 15

familia, 15, 49, 61, 67, 71, 74, 75, 95, 96

familias, 4, 62, 72, 73, 75

familias numerosas, 73, 75

Fe, 61, 62, 85, 96

Fernández Diaz. *Véase* Jorge Fernández Díaz

Fernando III el santo, 14
filantropía, 19
fondos de reptiles, 1
Francisco, 3, 13, 23, 30, 31, 35, 46, 51, 58, 60, 62, 81, 95
fuerzas de Seguridad, 2
futuro, 47, 62, 74, 77, 86, 87

Gandhi, 15
gasto de **pensiones**
   gasto sanitario
     gasto asistencial, 74
gasto social. *Véase* sistema público de pensiones
Generalitat de Catalunya, 30
Georg Gänswein, 84
gestación subrogada, 45
gestionar, 42, 87
Gilbert K. Chesterton, 5
Gobierno, 1, 4, 27
gobiernos socialistas, 4
Gracia. *Véase* Dios
Gran Guerra, 51
Groucho Marx, 21, 22
Grupo Popular, 36
Guardia Civil, 83, 95
guerra franco-prusiana
   primera guerra mundial
     segunda guerra mundial, 53
gueto, 79, 82

Harrow School, 15
haz política
   adelante, 13, 23
Herodes, 59
historia del hombre, 47
Holanda, 50, 54

hombre postmoderno
  vacío antropologico, 5
hombre sabio, 45
humanismo cristiano. *Véase* pensamiento humanista cristiano
humildad, 21, 46, 86
Hungría, 49, 51

id al mundo entero y predicad. *Véase* Evangelio
idea fuerza, 3
ideología **comunista**, 35
ideología de género, 4, 35, 50, 67
IDEOLOGÍA DE GÉNERO, 35
ideología **fascista**, 35
ideología **liberal conservadora**
    liberal socialista, 35
Iglesia Católica, 14, 16, 31, 54, 58
iglesia parroquial de la Inmaculada en Hospitalet de Llobregat.
    Véase Custodio Ballester
Iglesia y el cristianismo
    epansión y defensa, 86
Ilustración, 56
imprevisión, 87
imprudencia, 87
incrementar la **natalidad**, 74
inepto. *Véase* aptitud
Inglaterra, 19, 20, 23, 71
instituciones públicas, 4
integración, 79, 81
Interés General, 20, 62, 63
intereses políticos
    subordinación
        exigencias del cargo, 5
intervención quirúrgica, 83
intolerancia, 3, 30, 54, 56
Invierno demográfico, 74

Involucrarse. *Véase* política

Irak
   el Levante, 62
      Siria, 62
         Norte de África
            Yemen, 62
Irlanda, 71
Isaac Rabin, 15
Islam, 31, 79, 80
Israel. *Véase* Isaac Rabin

James Blunt, 15
James Steward. *Véase* Qué Bello es Vivir
Jardines Vaticanos, 85
jerarquía de. *Véase* valores
Jerusalén
   Roma
      Atenas
         antigua Cristiandad, 55
Jesucristo, 16, 18, 22, 31, 59, 60, 61
Jesús, 18, 59, 92
Joaquín Navarro Valls, 59
Jorge Fernández. *Véase* Jorge Fernández Díaz
Jorge Fernández Díaz, 1
Jornadas Mundiales de la Juventud, 86
jóvenes emigraron, 73
Juan Pablo II, 13, 14, 23, 53, 54, 56, 58, 59, 62, 85, 86, *Véase*
   san Juan Pablo II
judaísmo, 31
juego sucio, 2
juez Calatayud, 50
Juez Supremo, 44
justicia
   licetrad
      discrepancia, 54

Justin Welby, 22, 23
juventud sueca, 65

L' Hospitalet de Llobregat, 29
la ciudadanía, 4, 25, 64
la muerte, 39, 40, 53, 61
la vida interior
    la vida para adentro, 20
laicismo agresivo, 31
las Bienaventuranzas. *Véase* Winston Churchill
lavarnos las manos. *Véase* Pilatos
Lawrence de Arabia. *Véase* Faisal de Irak
legalidad
    moralidad, 54
levantarnos siempre
    rectificar, 45
ley de uniones de personas del mismo sexo
    matrimonio, 35
leyes justas
    leyes injustas, 54
leyes restrictivas. *Véase* República Catalana
LGBTI, 35
libertad, 4, 17, 19, 26, 29, 30, 31, 32, 33, 36, 44, 54, 56, 64, 96
libertad de las conciencias, 44
libertad religiosa, 26, 29, 30, 31, 32, 33, 56
libertades fundamentales, 29
Liga de Fútbol, 63
lobbies. *Véase* LGBTI
Londres, 15, 23
Lord Byron, 15
los **derechos de las personas**, 19
los diez mandamientos, 25, 27, 95

mal común, 48
mantenimiento del orden, 2

Mariano Rajoy, 1
más vulnerables, 49
Mater Ecclesiae, 83
material anticonceptivo, 75
maternidad
    condición de mujer, 65
matrimonio, 4, 35, 49, 75
matrimonio civil, 75
matrimonio hombre-mujer. *Véase* familias
mayoría política parlamentaria. *Véase* opinión mayoritaria
medios de comunicación públicos
    periodismo, 5
meditación, 42, 65
metamorfosis, 54
México, 60
Michael Bay, 45
miedo, 32, 39, 60
miembro del Comité Ejecutivo Nacional, 87
ministerio del Interior
    Interior, 1
mirar atrás
    ánimo de aprender, 45
misión española en Estocolmo, 65
modelo familiar estable, 4
moral, 3, 31, 32, 49, 54, 58, 64
muerte natural, 50, 54

negocios humanos
    negocios de almas, 39, 40
Nehru, 15
no dimitir, 43
no nacidos
    descarte de los
        o de los mayores, 23

obispo Novell, 30
opinión mayoritaria, 26, 64
Opus Dei, 18, 22, 40
oración, 86
ordenamiento jurídico, 64
Oriente Medio. *Véase* Faisal de Irak
oxímoron
    contradicción in terminis, 56

padre Andrés Bernard, 65
Pamplona, 19
Papa Emérito, 83, 84
Partido Popular, 1, 44, 45
Paulo VI, 3
pecado original, 26
pecar, 13, 23
pensamiento débil
    sociedad líquida, 57
pensamiento humanista cristiano, 53
pequeñas. *Véase* virtudes
periodismo, 2
permanente tránsito. *Véase* decantar el pasado
persona
    mujer
        hombre, 14, 18, 22, 30, 40, 48, 72, 74, 84
PERVERSA. *Véase* ideología de género
Pilar Rahola, 25, 27, 95
Pilatos, 13, 23, 59, 60
plenitud del hombre. *Véase* santidad
pluralidad política, 44
pluralismo político, 35
política, 1, 2, 3, 13, 14, 20, 23, 26, 30, 43, 44, 45, 47, 49, 50, 58, 62, 63, 87
políticas de apoyo, 4

Polonia, 49, 51

Poncio Pilatos, 59

post cristianismo, 55

post verdad, 56, 58, 59

PP, 4, 43

Prelatura del Opus Dei y la Santa Cruz. *Véase* San Josemaría

Premio Nobel de Literatura

    Winston Churchill, 46

principios, 21, 22, 25, 43

priorizar, 2, 39, 40, 41, 46

prisa

    morir, 39

problema de conciencia, 43

problema de la droga, 76

problemas de conciencia, 5, 20

propaganda del consumismo, 72

prórroga, 5, 41, 42

Providencia, 6, 86, 87

providencialista, 86, 87

proyecto de Dios. *Véase* Dios

proyecto **Europa**, 51

proyecto vital

    trayecto vital, 45

quiniela, 4, 46

raíces cristianas de Europa, 16, 33, 54

raíces judeocristianas, 55

razón, 40

Recaredo, 54

reconciliación, 51

rectificar, 29, 45

rectificar el rumbo, 29

rectitud de intención, 20, 47, 48

reduccionista. *Véase* laicismo agresivo

relaciones homosexuales, 32
religión, 26, 30, 31, 61, 62, 65
Renacimiento
   Racionalismo
      Ilustración
         Revolución Francesa, 66
represivo. *Véase* laicismo agresivo
República Catalana, 31
res pública. Véase política
retos, 86, 87, *Véase* cada día de vida
   tener retos
      tener objetivos, 87
revista a tu vida
   tu existencia, 40
rey de los judíos, 60
rey Hussein de Jordania, 14
Roma, 55, 60, 83
Rumanía, 71

Sadiq Khan, 23
San Agustín, 65
San Josemaría, 18, 39, 96
San Luis Rey de Francia, 14
Sanedrín, 59
Santa Sede, 32, 59, 84
Santa Teresa de Ávila, 18
Santa Teresita de Lisieux, 17
Santiago de Compostela. *Véase* Año Jacobeo
santidad, 1, 2, 13, 14, 16, 17, 18, 19
Santo Tomas Moro, 13
santo **Tomás Moro**, 16, 20
Santo Tomás Moro, 26, 60
Satán
   el "opositor", 62
saturación informativa, 76

seguridad pública, 2

Señor, 13

sentido de mi vida, 87

ser tú mismo. *Véase* contentar a uno

Serbia, 71

seres libres

    limitados

        no somos dioses

            nos equivocamos, 47

Sermón de la Montaña. *Véase* Winston Churchill

servicios de investigación, 1

Shoah

    holocausto judío

        gitanos

            homosexuales

                Tercer Reich, 62

siglo "de las luces", 67

sigue, 13

sincretismo religioso, 27

sistema público de pensiones, 50

sociedad, 3, 4, 20, 35, 49, 50, 55, 56, 57, 59, 62, 65, 71, 72, 73, 75, 81

sociedad individualista

    gastadores compulsivos, 72

sociedad luterana, 65

sociedad post cristiana, 55

solidaridad, 19, 73, 75

solidaridad Generacional, 73

STEPHEN HAWKING, 39

stop, 42

sublimación del hombre, 67

sufrimiento, 86

sufrir, 13, 23

técnicas de espionaje, 1

telón de acero
   muro de Berlín, 85
TEMPUS BREVE EST, 37
tentación, 19, 20
teocentrismo, 66
tercer concilio de Toledo. *Véase* Recadero
Teresa de Ávila, 21
terreno movedizo, 2
terror, 29, 30
testimonio de vida, 14
TIEMPO
   oro
      gloria, 39
tiempo de reflexión, 40
Tiempos recios. *Véase* Teresa de Ávila
tierras de misión, 55
tirano. *Véase* aptitud
torpeza, 46
TOTALITARIA. *Véase* ideología de género
trabajar por los demás
   dedicarte a
      preocuparte por, 20
tradición, 32, 58, 79
trayectoria política. *Véase* trayectoria vital
trayectoria vital, 87
Tribunal Constitucional, 36, 44
tricornio de plata. *Véase* Guardia Civil
Turquía, 55, 71

umbral de pobreza, 72
una buena forma física
   la naturaleza. *Véase* "el bosque el cuerpo"
unión de un hombre y una mujer. *Véase* matrimonio
Unión Europea
   padres fundadores, 16, 33, 49, 50, 51, 54, 55, 58, 72

Tratado de, 32
Universidad de Navarra, 18
utilización de confidentes, 1
Utopía, 26
utopía moreana, 26

Valencia, 44, 86
valores, 3, 19, 25, 49, 51, 53, 57, 58, 64, 65, 73, 81
valores cristianos, 49, 64
valores europeos, 51, 53
vanagloria, 40
Véase Michael Bay".
Véase rectitud de intención".
Verdad, 59, 60, 61
Virgen de Lourdes, 83
Virgen del Pilar, 84, 95
virtudes, 15, 16, 19, 20
virtudes humanas. *Véase* virtudes
visión sobrenatural, 2
Vittorio Messori, 57
vocación, 3, 13, 23
voluntad, 18, 33, 40
VOLVER ATRÁS, 43
voto en conciencia, 44

Winston. *Véase* Winston Churchill
Winston Churchill, 15, 22, 46, 94